入时无

高　梁　苏晓晓　著

中国美术学院出版社
CHINA ACADEMY OF ART PRESS

关于化妆的一些想法

张子帆

○

作家高粱女士又完成了一部关于生活品质和格调的著作《入时无》，之前她已经完成《吃东西》和《花自在》。《吃东西》写东西方的饮食，《花自在》写东西方的花与花语，《入时无》的主题则是写东西方的日常化妆。这次，高女士邀约了另一位新锐女作家苏晓晓一起合作。她们一起用女性惯常的细腻笔法，将一个个有关化妆的故事娓娓道来。这些故事古今中外都有，让这本书有着东西方视野交汇下的聚焦，也有着字里行间的文学性，更有着蕴含其间的专业性，图文并茂，装帧秀丽，版式舒朗，气象温婉，是一本很好看也很好读的书。

她嘱我在卷首写一些话，让我心里不免有些忐忑。对于化妆，我基本上是一个旁观者，改革开放之前，几乎看不到日常化妆的妆面，后来开放了，可以看到日常化妆的结果，但似乎女子化妆是一种带有约定俗成的私密性质的行为，犹如更衣沐浴，发生在"深闺"帷幔之中，西方把"洗手间"称作"化妆间"，方便女士补妆或换妆，可窥一斑。再后来自己组建家庭了，进而可以看到发生在身边的日常化妆的过程。时间久了，也就有了自己的一些感受和想法。这些想法，对耶？错耶？深耶？浅耶？不得而知。现在，有这么个机会，我也不揣浅陋，写下关于化妆的一些想法，求教方家。

一

化妆，是人类一项古老的传统技艺，根据记载可以追溯到公元前 3750 年的古埃及，中国的妆容历史亦可追溯到公元前 700 年左右的春秋战国，孰真孰假，孰是孰非，那是考古学家和历史学家以及人文学者的专业，对业外人士来说就是：一种有着很悠久历史的人类行为。这一定没错。张敞画眉的故事发生在汉代，"当窗理云鬓，对镜贴花黄"的诗句写于南北朝，之后的有关中国古代化妆的文学描述不胜枚举，可以说是比比皆是。这样的行为一直延续到今天。有专家说，传统，就是曾经有、如今还有的行为习惯，那么，化妆就是一种有着自己传统的人类行为，各个民族也都有着自己民族的化妆传统，各美其美，美美与共，不用去争联合国非遗项目，除了特有的妆面风格。

二

化妆，是人类独有的行为，应该是人类从树上下来直立行动并开始以树叶、兽皮遮蔽身体之后的事情，这和动物尤其是雄性动物为引诱异性传宗接代的"天生丽质"不一样，是人类有意识地通过其他物质和工具以及手法对自己的体貌进行修正、掩饰以及美化和强调的活动，并随着人类自我审美意识的不断演进与更迭，随着现代人类工业文明的不断发展进步，不断精细化、专门化。

三

化妆，看似形而下的操作，其实达成的是形而上的目的。它是一种文明的标志，是人类带有主观意识的自我审美行为。人类通过各种手段（比如借助水面、镜面之类的介质，与光线造成的投影不同，投影只能看到形状而不能看清楚细节）认知自身形象并按照既定的接受和认定的标准加以评估、判断，随后才会有修正、掩饰和美化的主观能动意识以及具体的行为措施，最后因为"符合标准"或者"接近标准"而产生精神愉悦。换句话说就是，化妆的前提是自己能够认清自己的状况，而不是听任他人（比如曾经的侍女和后来的化妆师等）的判断和操作。若有了镜子，那么就是共同判断和操作，从而对自己的状况进行有限的改造。那么，化妆就是人类知道借助镜面反射后的行为。人类想看清自己容颜的愿望是很古老很久远的，法国史学家萨比那·梅尔基奥尔-博奈在《镜像的历史》中就曾写道："从史前开始，人类就对自身的形象感兴趣，而且采用了各种方法，如光亮的黑石，或者满盆的水，来映照自己的影子。那克索斯（Narcisse，希腊神话里爱上水中自己影子的水仙花美少年）和珀尔修斯（Persee，希腊神话中利用盾牌反射影像找准目标将其杀死的英雄）的神话证实了人对反光的物体表面的那份好奇，说到底，人在自己的阴影里看到了另一个自己"。[①] 所以，只有做到面对真实的自己之后，人类才会对自己的容颜进行功能化改造的行为，因为这种行为可能带有不同的目的和功能。

四

化妆，是一种社会文化行为。从人类化妆的起源来看，目前大致有这么几种说法：宗教信仰说，地位身份说，伪装迷惑说，美容悦人说。

所谓宗教信仰说，是把自己所信仰的宗教或图腾以符号或者颜色标榜于自己的肉体包括面容之上。这种说法，应该是较为古老或者冷僻的行为，在较为现代的社会环境中已很少能够找到实证，但是在英国人比尔·布莱森所著的《趣味生活简史》中提及这样的例子，大约在18世纪90年代，"在身上画痣变得时尚起来。这些人为的斑点渐渐有了形状，比如像星星或新月，可以画在脸上、脖子上和肩上。据记载，有一位贵妇人惹人注目地画着6匹马拉着一辆马车驶过她的脸颊的情景。在巅峰时期，人们画满了痣，看上去简直像是身上叮满了苍蝇。妇女画痣，男人也画痣。"于是关键来了，作者以他的英国式幽默笔法继续写道，"据说，痣可以反映一个人的政治倾向，画在右颊上表示倾向于辉格党，画在左颊上表示倾向于托利党（笔者注：辉格党和托利党，均为英国历史党派名称，产生于17世纪末。19世纪中叶，前者演变为英国自由党，后者演变为英国保守党）。"[②]这有点像球迷在观赛现场涂抹色彩表示站位。

所谓身份说，是一种自我认同，即将某个部族的符号装饰于面容，既是自我认同，也希望得到同部族人的认同，如独龙族的纹面，但这种风俗已经趋于消失；另一种身份认同是尊卑高下的划分，这种利用权力制度来维持的身份区分在当下的开明而民主的时代社会里已经变得可笑而被无视，唯一留下的痕迹大约就是一些社会"头部人群"，如明星、名流和领袖人物对"化妆"风格和效果的引领。

所谓伪装迷惑说，从非洲部落出征打猎时的满脸涂抹到特种兵出击时给自己脸面的涂抹，既有迷彩的伪装效果，也是一种威慑力的自我心理暗示。

这三种说法都带有明显的自我角色认定和扮演的色彩，可以联想到影视戏剧甚至各种舞台艺术表演的妆面，无不是按照角色塑造以及节目创意氛围的要求在自己脸上勾画涂抹，这是和日常化妆的最大分野。

至于第四种所谓美容悦人说，可能是最能被人接受和传播的，就是用所有的手段让自己更好看，达到悦人悦己的目的。

五

化妆，是一种用情感表达精神寄托的活动，所谓"士为知己者死，女为悦己者容"，出自西汉刘向编撰的《战国策》，距今已有两千多年。这句被广泛引用的"金句"是社会人生的总结归纳，由此可以判断，在战国时期，"容"这一个行动已经是常见的并且是存在了一段时间的，因此才会被拿来作为人际关系的比喻。现如今，将此"金句"拿来形容现代化妆行为的心理动机，也是很贴切的，说的是化妆的"功利性"，也是对他人的尊重和情感表达。但仅仅说"女为悦己者容"似乎有点偏颇，因为在人类历史上，不仅女性化妆，男性也化妆，男女都想向世人展示自己最好的形象和气质，只是男子化妆的妆效往往被人们鄙斥为"娘娘腔"。

六

化妆，是一种自我形象、精神气质以及审美趣味的塑造与表达，也是一项自我整体塑造和表达的"系统工程"。说到底，化妆是一种个性化行为。深谙此道的化妆者都会找到属于自己的妆面风格，这是根据对自己形象，包括面部骨骼、五官长相以及肤色等的综合判断和审美理想做出的，内心的那点"念想"都涂抹在了脸上。

但从之前说到化妆的起源以及"女为悦己者容"的说法看，化妆还是具有社会行为的属性的。在时装界，对着装有所谓"TPO"原则，即 TIME（时间）、PLACE（地点）、OCCASION（场合），讲的就是这种关系。对妆容而言，也完全适用，不仅要与所处场合相适合，也要与自身的服饰风格甚至发色相匹配，关键还要是"入时"的。这需要通盘考虑。职场上，讲究的女生临近下班时开始悄悄改妆面，眼影口红加深加重，晚上一定是有一场约会，这是在根据另一时间、另一场合的灯光和氛围进行提前"预设"，为的是让自己更和谐地融入那个场合的环境气氛中去，同时又能凸显自己精心捯饬的面容，是给自己的信心暗示。

七

化妆，是一种时尚活动，自古就是，从来都是。时尚两字很有意思，即当时的风尚，过了这个"时"，就不"尚"了。所以，时尚就是流行，是流动的，是会变化的。唐代朱庆馀有诗《近试上张水部》曰："洞房昨夜停红烛，待晓堂前拜舅姑。妆罢低声问夫婿，画眉深浅入时无？"撇去诗中的双关，仅从字面理解，就说明妆容存在是不是符合"时尚"的区别的。这种变化的动力来自"与众不同"的小众引领，同时也来自从众跟风。英国人乔安娜•恩斯维特斯尔在《时髦的身体》一书中认为，时尚的变化流动源于三个原因：仿效说或"滴入说"（trickle-down）、时代精神说、移动的性感部位说。[③] 所谓仿效就是对引领者的风格的跟风。《汉乐府•杂歌谣辞》中有一首《城中谣》："城中好高髻，四方高一尺。城中好广眉，四方且半额。城中好大袖，四方全匹帛。"歌谣用夸张的文学手法嘲笑了时尚跟风者有过之无不及且过犹不及的现象。但事实上，妆容确实不是一成不变的，眼影不是有由深色变浅色以及哑光和荧光的不同吗？而口红唇形不也是有点绛唇的樱桃小口和烤肠唇的肉感之区别吗？诸如此类，不一而足，故而会有"入时无"之问。

由此，跟风还是固执己见，从来都是化妆者面临的选择：To Be or Not To Be？

八

化妆，是一种与时俱进的修为。描眉从前使用烤焦炭化的柳枝，而今也大致相同，使用的是制作更为精致的眉笔，而口红就不一样了，用的是唇膏或者唇笔，而在那些"年代剧"中可以看到，从前的女子还有用红色的纸张放到上下唇之间一抿即成的，真是今时不同往日。至于画眼线，那更是精细活儿。如果说，捏着一支粉刷在脸蛋上把粉底掸匀了还不算难事儿，那么对着镜子，把左右各一撇的眉毛画对称了，就要有眼力见儿了：若将尖锐的眉笔在狭长的眼睑上游走，就是一个精细活儿了，而且还细分出画外眼睑和画内眼睑的区别，个中轻重缓急的细微拿捏，只有化妆者自己知道了。当然，专业的事情让专业的人做。化妆师由此诞生。妆面的风格也由此产生，比如靳羽茜与毛戈平就创造和引领过不同的化妆风格。

说化妆是一种修为，不仅是要有对化妆技巧手法日复一日实践后的熟稔，而且还要有对整个化妆品系统和工具的熟知和熟悉，熟知各个化妆品的品性和适用性、各种化妆工具的性能和使用效果。关键是，在当代社会，有关化妆的产品层出不穷，不断出新，需要不断了解，不断学习，而这一切又都是基于对自己面庞骨骼、五官特征以及肤质肤色的了解之上的。所以，这是一种知己知彼双向奔赴的修为，真如歌里唱的那样：你选择了我，我选择了你，这就是我们的选择。

倘若一生化妆，就要一生学习，不断了解"行情"，因为化妆行业在不断发展。

九

化妆，成为一种产业。随着人类对自身的研究和熟知程度不断提升和深入，化妆也不断对象化、精细化和系列化，给了化妆消费者更多选择。只消看看那些化妆品在色彩上次第排列的微妙变化，就可以知道，化妆已经是一件多么繁复和精细的活动。在化妆的背后已经形成巍然屹立的庞大产业，针对不同的人群，包括男人，业界开发研制出越来越多更具针对性的化妆品。从化妆品到化妆用具，从美容商店到美容院，林林总总，分门别类，由浅入深，由简至繁，各种品牌也是繁花迷眼，各领风骚，总有一款适合你。

更为关键的是，如今的化妆产品对人愈来愈无害，要知道，曾经的化妆品成分是含有对人有害的物质的。比尔·布莱森在《趣味生活简史》中写道："画痣至少是没有毒。就其本身而言，这差不多是几个世纪里唯一没有毒性的美容手段。"作者说，在英国，有着借美容之名毒害自己的悠久历史。比如为了漂亮，连瞳孔也可以用颠茄或致命的茄属植物来放大。最危险的东西要算是碳酸铅白或白铅，那是用铅白制成的一种膏，通常被称为"油彩"。当时使用白铅的人很多。有天花疤疤的妇女把它当作胶泥用来填充小窟窿，连许多没有疮疤的妇女为了漂亮也用它来把自己搽得像鬼一样苍白。在相当长的时间里，白铅一直很受欢迎，第一次提到把白铅用作一种化妆品是在 1519 年。据当时的记载，时髦女性用白铅"把自己的脸、脖子和乳房搽白"。到了 1754 年，《鉴赏家》杂志仍在惊叹："你遇到的每一位女士都搽着白铅和油膏。"作者在书中指出白铅有三个缺点：你在笑或做鬼脸时会裂开；几个小时以后，它会变成灰色；要是长期使用，它很可能会置人于死地。它起码会引起眼睛胀痛、牙齿松动和脱落。这不是耸人听闻。作者继续写道，据说，至少有两位当时有名的美人儿——交际花基蒂•费希尔和社交界名人考文垂女伯爵马丽亚•冈宁——死于白铅中毒。两个人当时都只有20多岁。到底有多少人因使用白铅而缩短了寿命或者损害了健康，没有人敢去猜测④。哎呀，为了漂亮，化妆的人们也是蛮拼的，敢于冒险，做出很多今天看来很疯狂的事情。当时真可以打出这样的标语：化妆有风险，化妆需谨慎。

今非昔比，换了人间。据闻，铅已经逐渐退出化妆界的历史舞台。在更倾向于从自然界动植物萃取的理念日益牢固、精细化工工艺日益强大、成分测试手段日益精确的今天，对于喜爱化妆的人群而言，真是一个前所未有的美好时代，对化妆品行业而言，也是一个前所未有的美好时代。

十

总之，化妆这个人类的传统行为，就一个目标——美颜，就一个标准——入时无？路径？请仔细阅读及参考此书：《入时无》。

注释：
① 【法】萨比那•梅尔基奥尔 - 博奈：《镜像的历史》，周行译，桂林：广西师范大学出版社，2005年，第3页。
② 【英】比尔•布莱森：《趣味生活简史》，严维明译，南宁：接力出版社，2011年，第380页。
③ 【英】乔安娜•恩斯维特斯尔：《时髦的身体》，郜元宝等译，桂林：广西师范大学出版社，2005年，第73页。
④ 【英】比尔•布莱森：《趣味生活简史》，严维明译，南宁：接力出版社，2011年，第382页。

目　录

眉　黛

Eyebrow makeup

眉间远山

　　顾远山正面临自己人生职业的瓶颈期——年轻的画师突然发现自己不会画画了。天青、朱砂、石黄、墨灰，桌上铺满了各色颜料，他提笔，放下，再提笔，又放下，曾被描绘数百次、熟得不能再熟的仕女像，怎么也落不下笔。一个声音始终在他耳边环绕："古来画技讲究气韵传神，你这仕女图眉目呆板，有形无神，不过尔尔了。"

　　这句话说于顾远山在街市卖画的时候。他兴致勃勃地将自己所绘的仕女图一一展售，画中的佳人面容秀丽，长裙拖地，头挽花髻，腰身纤细，看起来轻盈飘逸，她们的身旁是蛤粉染出的花雾、点墨描出的湖石，一幅幅春池花语美人静立，引得众人阵阵赞叹，抢购如潮。等人散了，一位老先生驻足许久，皱着眉摸着须，点评出以上的话语。

　　这些言语好似一把小刺，让原先还洋洋得意的画师像气球一下被扎破了气。后来每每当他要细描仕女时，总会想着老先生的那句话，窈窕淑女皆绘不出眉目，"这可完蛋了啊"，顾远山想。

友人见画师萎靡颓丧，便约他到城中新起的乐坊散心。"这拢月坊，听闻那里的女乐各个技艺非凡"，朋友眉飞色舞地介绍着，"特别是其中的当家门面，名叫月白，容色端正，琵琶技艺更是惊人，弹得出神入化，顾兄不妨听听。"于是，在桃花灯烛相映照的一个夜晚，顾远山见到了花台之上的月白。

是夜，在乐坊的花厅里，女乐们体态婀娜，游转着舞姿。顾远山喝了点小酒，感觉有些微醺。眼中女乐渐渐变成了画卷中摇曳攀附的花蔓，缠缠绕绕。忽然间，花蔓四散，一阵琵琶乐声传来。那乐音如珠如玉，轻灵悦耳，只寥寥数音，就像山风一阵迎面吹来，清冷沁人心。

"呐！这就是我跟你说的月白姑娘！"友人兴奋地拽着顾远山的手，指着台上的人说道，"你听你听，果真没错吧！"顾远山向花台中央望去，只见月白怀抱琵琶端坐在梨木花凳上，一袭水雾绿纹裙逶迤在地，鹅黄软纱披盖在素白的云烟衫上，就像一株含苞欲放的山百合。她五官生得淡，却相合正宜，尤其那一对眉，绘得十分特别，眉头色青尖细，划过一弯新月形状后，眉尾又微挑入鬓，仿若远处一抹黛色秀岭，衬得面容澄澈灵秀。

嘈杂的人声渐静，月白腕起手落，纤纤细指下，乐声有如清风过处泛起浅浅涟漪，又如狂烈疾风带来山动树摇、云浪翻滚，金刀铁戈之啸摄人心魂。顾远山的视线却只停驻在月白的面庞上，看那对眉雾跟着乐曲时展时蹙，心绪也随之跌宕起伏。

待一首曲毕，花厅响起如雷掌声。月白走下台来，一一向众人答谢，身旁的小厮手托铜盘紧紧跟着，忙不迭地向听客讨赏。

人们纷纷将琳琅、碎银等物抛掷盘中。等到了顾远山这里，小厮唤了好几声，他才如梦初醒，忙往怀中一阵搜罗，摸到一个沉甸甸的小包，随手倒出些就向盘中散去。铜盘里发出好大几声响，小厮满面喜色连声向顾远山道谢，眼底余光就向盘中瞄去。这一瞄，嘴角却定住了。原来，这"豪气"的金主，倒出的竟不是碎银珍宝，而是几块小碎黑石。"这是什么破烂石头！"小厮顿时一顿奚落，"如此寒碜来听我们月白姑娘的曲儿，不怕被人笑话吗？"顾远山的脸上一阵青一阵红，刚才情急，竟错将随身带的画料给倒了出来。

边上的月白扑哧一笑，拿起黑色的小碎石，仔细端详了一番。"这是青石？"她额间布满细汗，眉色被汗渍拭淡了几分，边缘晕染开来，就像远处川岭被薄云遮挡，变得朦胧了起来。而她眼中的笑意却穿破层层薄云，直直望向顾远山："公子，可是要为月白描眉？"

那夜尴尬而奇巧的相见，意外地让顾远山与月白拉近了距离。至此之后顾远山经常来找月白，画师无可救药地喜欢上了色艺双绝的乐师，而乐师也为画师的才情所折服，才子佳人，处处无限美好。顾远山索性将画案搬到了乐坊，既能多见月白，也希望能在此处找寻些灵感。

这一搬来，倒真是让顾远山大开眼界。乐坊的日夜，姑娘们如轻灵的鸟儿一般，穿梭于长廊、庭楼和花台上下，到处流动着绮丽生香。她们精致的面容半藏在扇面或轻纱之后，只微微抬头，那含情脉脉的眉目便露了出来，流转着盈盈光泽，一笑一嗔之间皆有万种风情。精心描绘的容姿背后，姑娘们是费足了心思。单看月白房中的案几，香粉油膏胭脂眉黛林林总总，装在各式各样的小盒中，有些零散地铺在案面，有些小心地收在妆奁，那些纷繁美丽的饰妆冶容之色饶是连画师都说不出来，只有妆台的主人才知道，应在哪些时候用上哪些物什。

单说眉黛，便有好几种样式。如同山色般的青黑石黛，由产自易水河畔的青石制成。小小的一块眉黛，要将数十块青色矿石研磨成粉，和在熬成琥珀色的油膏之中揉制墨团，再用木槌反复捶打，至阴处晾干，经数道工序，才形成质地细腻柔滑的眉石。姑娘们在画眉前，要将它像研墨一样轻碾成粉，加水调和，再蘸着描眉。石黛色泽青碧高深，最适画小山眉，一左一右，像是画卷中清透空灵的碧落山岚。

如鸦羽般被称为"鸣鸠拂其羽之转色"的眉石，细细看来也是极美。听月白说，那叫青雀头黛，由西域传入，姑娘们最喜用它勾画双燕眉。像燕翅一般的两眉分布于额前，弯弧如燕子飞时的自由伸展，绵长柔软，又存有几丝坚毅之情，着实引人怜惜。

还有深如浓墨的眉丸，取自无烟之墨。工艺很是烦琐，需把燃着的麻油灯盏置在水中，用铜罩覆在灯芯之上，等到烟气上旋，烟灰凝结在罩上，再轻轻扫下，调入提前用龙脑、麝香等香料浸透的油中。这样制成的眉黛，墨可逾漆，轻刷可作笼烟眉，如云似烟，甚是秀雅。

而最为金贵的，当属螺子黛。那是来自遥远的波斯国度，用数万只海螺研磨提取而成的珍贵染料，耗十金，整个乐坊也只有月白得有一支，是赴某位富贵人家弹奏所得的赏赐之物。拿回那日，整个乐坊的姑娘蜂拥而至，定要看看那传说中的螺子黛到底是何模样。与寻常眉黛不同，螺子黛无须磨化，蘸水便可描绘。而且颜色极为特别，泛着幽远深长的黛紫，波斯人称为"泰雅紫"，是上贡的珍宝，连宫中娘娘也分不了几支。月白用这稀罕的螺子黛绘了对水湾眉，始粗末细，如波浪划破春日傍晚烟霞的紫水，一笔连滑，绵长荡漾，其色妖媚，其意贵奢，让姐妹们好生羡慕。

当然，并非所用人都天生拥有一对好看的眉形，为描好脸上最重要的部分，乐坊的姑娘会求助于挽面娘子，将多余的杂眉挽去，以便描画。更有爱美者，甚至会"灭去眉毛以代其处也"。挽面娘子先以膨粉敷满姑娘的面，再将一根棉线缠绞成三根，分成两角交叉状，其中一端在手，另一端则用牙齿咬着，双手一拉一合，一松一紧，细线绞缠分合，就如剃刀般在眉上面上来回"挽"，将细毛连根绞除，过程可谓简单粗暴，效果却是绝妙。

蝶首蛾眉，巧笑倩兮，美目盼兮。那一双双传情的眉目，让顾远山笔下的仕女渐渐有了生动之意，或坐，或站，或行在花间，或闲步庭院，水是眼波横，山是眉峰聚，眼波流转眉峰微蹙之间，尽显山水之色、美人之相。这让顾远山在城中声名鹊起，一画难求，还有人拜托坊中姑娘，到顾远山所住之处细细找寻，看是否有些随手丢弃的样画，以作珍藏。

当真有人找过，只是他们不知，帷帐后藏着一个深锁的匣盒，里面存有顾远山最用心的珍藏之作。画卷上，是端坐于月色竹林中的月白。她怀抱琵琶，微微低头，抬腕轻抚发丝，松松挽就的发髻上别着一支玉兰花簪。月色从竹间流淌而下，映得她肤色莹白如玉，樱唇琼鼻之上，是顾远山魂牵梦萦的那对眉目，眼中笑意盈然，静静望向看画之人。那眉仍如初见，淡远、细长，影影绰绰，只是眉尾稍稍向下，含着若有若无的情意。

　　这本是幅无心之作。当时，月白弹完一首曲子，顾远山一时兴起，开始教月白作画。他握住月白的手，先在纸上画出一丛翠竹，一片片竹叶纤巧可爱，叶头微钝，叶梢细长，"你瞧，这是不是柳叶眉间发？"翠竹之上，落笔一点连着一弯，一个小小的新月跃然纸上，"这是长眉对月斗弯环。"新月旁，用淡淡的烟墨压出一片丛山，"哈哈，这可不就是倒晕连眉秀岭浮。"随后，笔尖蘸了蘸天青，划过一道纤长柔曲的线条，"嗯，这是……"顾远山认真搜寻着前人的诗句。"是漠漠远山眉黛浅。"月白接过话，随即转身，举起手中的笔，眼中似有星辰，"顾郎，可愿为我画眉？"

　　那夜，屋外月明如镜，蟋蟀轻声鸣叫，风从窗隙间溜进，吹动着月白头上偏垂在耳旁的发丝和身上的纱衣，在摇曳的灯影下，顾远山拿起画笔，静气凝神，细细为月白描着眉。

　　"顾郎可听说西汉京兆尹张敞，怜惜妻子眉头有疤，便日日早起为她画眉。"月白嗓音轻柔，缓缓说起古老缠绵的旧时故事：那是多相爱的一对璧人，天色刚清明，床畔的锦帘仍半垂半卷，夫君便与妻子对镜共照。镜中的两人含情相对，温柔缱绻，那一刻，男儿本色尽化为绕指柔，一手轻托对方下巴，一手取笔蘸饱眉墨，勾勒出眉形，再轻轻描绘。偶时低头笑问，所画如何。直到眼前那人，流波盼顾间嫣然一笑，方才放心搁下眉笔。

　　一时间，月白心底起了一丝奢望。当女子把手中的眉笔交予他人时，便是心有所属，情到浓时。是想要获得一个愿得一人心、白首不相离的诺言，是想要一个或许遥不可及的希冀，能在往后岁月里日日相对，诉说一朝一夕的情意。

顾远山又怎不知月白心意？他在她眉间画下与名字相同的远山，一描一画，皆是付诸情意。在月色见证下，心意相通的两人许下海誓山盟，顾远山将满腔的欣喜凝聚在笔尖，绘下了月白含笑的身影。"走来窗下笑相扶，爱道画眉深浅入时无？"

此后，顾远山彻底摆脱了"有形无神"的桎梏，画功日渐丰厚，名声渐渐传到了京城。一日，他在乐坊作画，月白领进一人，说是顾远山的旧交，特来拜访。顾远山抬眼一看，面前是位老者，似有些眼熟。"这位……"他忽地激动起来，连向前走了几步，"你……你可是那日观画的老丈？！"

来人轻抚雪白胡须，微笑点头。原来，这位老丈竟是官中画院的元老，近年来四处游历，招觅有才华的年轻画师以填充画院之力。去年，他在这座江南小城，意外发现了顾远山。虽是街头画师，笔下却透着灵秀之气，只是还未掌握精髓。老者有心提点，便语重心长留了话，看他是否能参透。

这次，他又特地来此，听说乐坊有一位画师擅画仕女，惟妙惟肖，想来许是那年的年轻人。寻来画作一看，果真，觉得孺子可教也，原来稍欠神采的佳人，眉目之间已然有了情，袅袅婷婷跃于纸上，喜怒哀乐仿若眼前。临去之时，老者问他，是否愿意到官中画院深造，如愿意，两日后一早他会在城南渡口等顾远山，一同返京。顾远山没有多想，能到画院是每位画师穷尽一生的梦想。他答应老者，定会在约定地点等候。他没注意到，月白眼帘低垂，神色变得有些黯淡，但只一瞬，她抬起眼，又如往常一般，含着温柔的笑意。

　　分别那日，顾远山站在渡口，他身无长物，只贴身携着那幅月白的画像。晨曦中，月白带着帷帽缓缓走来。两人相对，似有千言万语。

　　顾远山说，等我。

　　月白说，好。

　　她掀开帷帽，露出光洁姣好的面庞。可是，那细长而舒扬如淡淡春山般的双眉却不见了踪影。顾远山仔细一看，原来月白的眉毛已尽数剔去，仅留下了淡淡的一痕。"月白，你这是……"顾远山惊讶又怜惜，轻抚月白脸上的淡痕。"我等你。"月白定定望着他，将一个精巧金线刺绣的香囊挂在了顾远山胸前。

　　载着顾远山的舟船，慢慢向远处驶去。他看着月白的身影，如缥缈的远山，越来越小，直至消失。顾远山紧握胸前的香囊。香囊里是他俩初见时顾远山错放的小小青石。

　　"等你回来，再为我画眉。"

新月初生

　　青年贵族马可第一次见到露斯的时候，她15岁，豆蔻年华的清纯和美丽，让他怦然心动。

　　那是一次王族成员生日宴，伦敦城内最显赫的家族都应邀而至。露斯坐在大厅的角落里，身边有位穿浅灰色衣裙的中年妇人，她衣服的材质精良，但样式比较保守，妆容也很淡，首饰更是极简，只有颈上胸前戴的几圈长短不一的大粒珍珠项链，显出她高贵的气场，可见其并非寒酸之辈。不过，在这种众贵妇都"竞豪奢"的花枝招展的场合里，确实稍嫌不合时宜。

　　少女露斯，一身粉紫色衣裙，面色白皙，眼睛明亮，宛如一朵含苞待放的木芙蓉花。在和她四目相对的那一刻，马可觉得自己永远也不会忘记她。她的目光中虽有种不谙世事的清纯和娇羞，却是坦坦荡荡、无忧无虑。金色秀发被梳拢在嵌满五色宝石的丝质网罩里，一些细密的小发卷，像是一群不安分的小蜜蜂，逃离网罩，在她稚气十足的脸庞边翩翩起舞，不时遮住她那双新月般的弯弯眉毛。那天，马可再也没有找到与她对视的机会，她早早地随着母亲退席了。但他知道了她的名字，以及她曾经非常显耀的家世。

岁月如梭，往事如烟，少女露斯与许多事情一起，逐渐淡出了马可的记忆。在他游历于地中海沿岸国家时，很偶然的几次，在清波荡漾的河边，当婆娑起舞的木芙蓉以它独特的温婉映入他的眼帘时，他会突然想起，故乡有个粉紫色少女，以及她那一双弯弯的新月眉，在一个初秋的晚上，曾触动过他的心。

直到有一天，马可得知家族安排联姻的对象，就是他多年前曾经见过的少女露斯之后，她的形象又在他心中活了起来，他甚至回忆起她面颊边那细密的小发卷，如同金黄色的小蜜蜂，如何在一双新月眉之间起舞的样子。

订婚的日子临近，马可却不急着想见露斯，多年前那惊鸿一瞥给他留下了太美好的记忆，毕竟时光流逝如流水，他害怕重新见面会破坏这种记忆，他愿意将那木芙蓉般的少女多珍藏一段时间，他在努力推迟这可能会存在的破坏。

终于，到了不得不见之时。

露斯是披着夕阳金色的光晕走进客厅来的，她的脸背着光，像是被刻意暂时隐藏起来似的。首先映入他眼帘的，是她那异常窈窕的腰肢，在蓬松宽大长裙衬托下，不盈一握。马可不禁心中一颤，这已经不是他记忆中那个含苞待放的木芙蓉花了，她也许长成了满园百花中最娇艳的那一朵！金色的光晕被轻盈而来的露斯留在了身后，马可上前一步，微微向她行礼，她还礼后，两人在同一时间抬起了头，四目相对。

露斯的脸，是一张他完全陌生的脸，也许只有那明亮坦荡的目光中，还留存着多年前的些许痕迹，但此时的她，已不再娇羞。她微微倾着头，脸上始终带着淡淡的笑意，彬彬有礼地听完马可描述他们曾经相见的场景，然后，她用圆润而动听的声音，告诉马可她对此番情景没有任何印象，也压根儿不记得她曾经拥有过一件粉紫色的礼服。

从两人开始交谈的那一刻起，马可就觉得她的变化实在太大了，少女露斯在眼前这个女人的身上，似乎没有留下丝毫痕迹，他甚至怀疑是不是哪里出了什么差错，但记得在谈联姻时，他多次确认过对方的身份和姓名。

趁女管家上茶的时候，马可重又打量坐在他对面的女人，她那被裙箍撑得极其膨胀的深紫色长裙，整整占用了一个三人沙发，衣料是层叠堆砌的闪光锦缎，在最后一线天光的照射下，熠熠生辉。她的脖子应该很颀长，此时，层层米白色的轮状拉夫领，紧紧环绕着她的脖子，让她秀气娇小的头，如同一朵无茎的花朵，直接插在做工繁复的花瓶中。

露斯笔直地坐在那里，胸脯微微起伏，脸颊铅白。嗅着几层高的拉夫领上传来的不再新鲜的淀粉气息，她有点头晕目眩。穿了一天的紧身衣，此时，她极度疲倦，最大的愿望就是尽早换上宽松的家常便服，洗净皮肤上的重重铅华，她的心、她的身体、她的每一寸肌肤，渴望的是能够随心所欲地呼吸自由的空气。她狠狠想着，但唇边妩媚的微笑依旧。

这时，观察她的马可突然眼前一亮，他终于明白了眼前的露斯和记忆中的木芙蓉少女有什么不同了。当年，围绕着少女露斯那双弯弯的新月眉，曾经有一群金色小蜜蜂般的细密发卷，而现在，不但小蜜蜂没有了踪迹，那曾让他怦然心动的新月眉，也消失了。

露斯的装束、妆容和发型，是16世纪中期伊丽莎白时代贵族女性的经典版本。为了凸显面部线条，为了拥有一个高贵而睿智的前额，贵妇们不惜除掉额头上的部分头发，让发际线后移，给面庞留出更大的空间。也许是对失去的额前秀发的深情追忆，当时流行的发型，会从头饰上做文章。在头发的中分线上，垂下一粒大珍珠或者大个头儿的宝石，来点缀平坦宽阔的额头。

同样，为了拥有一个高贵而睿智的前额，贵妇们义无反顾地用剃刀或脱毛剂除掉眉毛，然后用极淡的眉笔，画出两道细细的眉，与其说是眉毛，倒不如说是失去的眉毛的记忆。

露斯端坐在那里，任凭马可的目光在她脸上游走，她的眼中露出了些许尴尬，但更多的是愠怒，她的脸颊上，在那厚重无光的脂粉掩盖下，燃起了火一样的红晕。

其实，她非常清楚地记得眼前的马可。在她少女时代参加的那次生日宴上，年轻人都在议论着他，这位有着一双天蓝色眼睛的高贵青年，刚从爱琴海边的希腊回来，带来了希腊文明古国的许多奇闻逸事，带回了雅典神庙辉煌壮丽的速写，这让他成了宴会的明星人物。

16 世纪上半叶，受意大利文艺复兴运动的影响，英国出现了活动频繁、杰作竞出的文艺复兴局面。人文主义者，如托马斯·莫尔等，在牛津大学讲授希腊文、拉丁文，传播古典文化和来自意大利、法国的新知识、新思想。

同时，规模宏大的翻译活动也在进行中，众多的学者、作家，将古希腊、古罗马以及近代意大利、法国等国的学术观点和哲学思考译成英文，英国本土的大批哲学家、教育家、历史学家、政治家和宗教人士，也都纷纷著书立说，踊跃表达他们的人文思想。

更有一批贵族青年才俊，游历欧洲古典文化的圣地，成为文艺复兴思想最直接的传播者，马可就是他们其中的一位。

露斯怎能忘记他们四目相视的瞬间。他刚给几位年轻的牛津学生朗诵完一首意大利十四行诗，向她转过头，送来一个深深的凝视。那时，她的脸上还没有沉重的脂粉，她的身体还没有紧身衣的束缚。她有着少女的自然和青涩，有对未来美好的憧憬，她多么渴望有一天，自己也能够靠在雅典神庙的石柱上，眺望脚下那座古老而厚重的城市。

当她得知自己被许配给了他，心中生出莫大的快乐。得知他当时尚在地中海诸国游历，她更是暗中高兴，谁知以后他会有多少故事，只对她一个人叙述！

母亲告诫她，见到他时要矜持有度，虽然自家家道中落多年，但女孩子家，就是穷到了底，也不能没了傲气和贵族架势，否则，婚后的日子就是地狱。因此，当他说起多年前两人的一面之缘时，露斯就直截了当地告诉他，她压根儿就不记得他，让他明白，她打小就是个沉稳矜持的姑娘。

　　马可看着露斯秀气的白色脸庞，如同一朵假花，被精心地安放在蕾丝堆里；她的金黄色头发，做成了规则而密集的发卷，发卷被游丝般的网罩住，网上间隔排列着些闪烁的小珠子，光泽柔柔地滑动，是她秀发上唯一有生命的东西；酷似剥了壳鸭蛋的脸型，使她精致美妙的五官在上面极不协调，看似一张假面。

　　她身上的衣服、脸上妆容和头上的发饰，以及她的坐姿，她的表情，让他觉得，她随时会僵硬、会窒息，就连转过头去呼救的可能性都没有。这样一个准新娘，让他有掉入冰窟的感觉。他自然不会知道，为了来见他，她花费了怎样的心思，做出了怎样的努力！

　　就拿眉毛来说，她先用古代就流行的如同女巫秘方中出现的青蛙血和晒干磨成粉的蚂蚁卵、蜂蜡混合在一起，做成神奇的脱毛膏，在月光下，把这暗红色的腥臭膏体抹在她弯弯的新月眉上。脱毛膏缓慢地在她的眉毛上凝结，微微的痛感刺激着周边娇嫩的皮肤。20分钟之后，她用果断而快速的手法，将额头上那两道如同丑陋疮疤一般的东西撕掉。浓密的眉毛随着强烈的痛楚，被膏体粘着撕下来。

但这种脱毛膏的效果并不稳定，尤其对毛发旺盛的人来说，总会遗留些东倒西歪的眉毛，这时，就得用锋利的剃刀了。每次脱毛，对露斯来说都是一种折磨，每当她在自己的眉毛影子上细细涂抹缓解疼痛的油膏时，都有一种委屈感陪伴着她，从心里来说，她是非常喜欢、珍惜自己的那一双新月眉的。

几天过后，当额头的红肿和刺疼感消失后，她就要尝试重新画眉毛了。取来乌贼鱼的墨汁粉、灰白色的锰粉末、烧焦的椰枣核粉、烟锈，再加上那不可缺少的蚂蚁蛋粉，加少量猪油，调成烟褐色的糊糊，用一根带尖头的象牙小棒，在被除掉的眉毛位置上，缓缓画出新的眉毛来。

露斯的手重，眉毛也画得浓重，新的眉毛就像两个僵硬的黑色大虫子，卧在她秀丽的额头上。母亲常常将之概括为"粗陋无比"，用苍白的手，一遍一遍地教她怎样在额上轻轻落笔，她要画出的，是隐约的"眉毛影子"，而不能是真正的眉毛。每当这时，露斯看着母亲那张衰老的脸，一张由于没有了眉毛而显得线条异常模糊的脸，就在心中祈祷着自己永远不要变成这样。

马可与露斯相见后的第二天，他就捎过话来，让她去找牛津大学的一位文学教授，据说他手里有张意大利画家波提切利《春》的仿本。露斯原本拥有花神般浓密的金发和弯弯眉毛，她哪一天能够将自己的金发散开，同时让新月眉重新长出来，哪一天就是他们订婚宴的好日子。

露斯知道这张画，她特别关注的是画中的花神，口含一枝小花的美丽少女克罗里斯，那个被狂浪的西风神泽费洛斯追逐着的女神。不止一次，她在文艺沙龙中听说过她的形象。露斯终于找到了被称为"牛津才子"的年轻教授，看到了波提切利《春》的仿本。在那一瞬间，她被画中梦幻般的春天迷住了，被画中女神们的妆容、衣裙和她们自在的表情迷住了，她多么希望自己也能在清晨的微风中解开长发、赤足踏在鲜花盛开的草地上，希望田野的清澈露珠能打湿她美丽的新月眉。

露斯的回复很快就到了，她会践行马可的要求，但前提是，他要先带她到佛罗伦萨去，亲眼看看波提切利画中托斯卡纳的美景，也许，她还会在那里邂逅众女神们呢！

镜外观

眉毛在下雨时可以遮挡雨水，在夏天可以遮挡汗珠，不让它们流入眼睛；眉毛浓密还显示着一个人的健康状况良好；眉毛的一举一动又流露情绪，慈眉善目，横眉怒目，眉毛一挑或双眉微皱，都让脸部立时生动无比。

"硕郎，可愿为我画眉？"在东方，香囊里的小小青石，让画眉这个动作都变成了情爱的传达。而在西方，把忍受疼痛拔掉的眉毛又一点一点画出来，几乎成为某种仪式、某种暗喻。露斯原本拥有花神般的浓密金发和弯弯眉毛，期待有一天将自己的金发散开，新月眉重新长出，那也许是另一种美好生活的开始。

周华诚

胭 脂

Blusher

焉支泪
几时重

在山雪融化的季节，日娜所在的部落迁徙到了焉支山的山脚。空气中弥漫着湿润的草香，牛羊懒懒地抖了抖身上的水珠，低头啃食着鲜嫩的矮草。远处，被部落族人们称为"圣山"的焉支山，云雾未散，偶有阳光漏出，斜照在山脉上，淡淡的红光从被积雪覆盖的黝黑山脊中透过，那色泽像极了日娜脸上瑰丽的红晕。

这些美妙的红晕来自焉支膏，是匈奴人一代传一代的珍宝。焉支山不仅赋予了部落丰饶的物产，也赐给了美丽的草原明珠一种神秘而美丽的花儿——红蓝花。这也是匈奴部落为什么要迁徙到这片牧地的原因，这里有着进山最快的通道，一切都是为了能在花儿盛开的季节，采撷到足够多的红蓝花用以制作焉支膏。

姑娘们聚在一起，捆扎着干草，日娜的眼神却总向牧场的一角望去。"那个汉人"，她想，"不知是否还过得惯？"

日娜说的是数月前单于抓到的一个汉族商人。被抓时，那人所在的商队在大漠遇到了风沙，他与其他人失散，迷路在山壑里，这才不小心误闯了匈奴的地界。被俘虏的人基本上都会被单于留在部落，优待并利用好这些俘虏，是单于为部落发展定下的长远之计，他的部落需要劳力，打仗、牧羊、采花，也需要从汉人口中获取一些有利情报。士兵们严守驻地的木围，以防俘虏逃回汉域，但木围之内，俘虏却有着足够的"自由"，他们可以跟着匈奴勇士一起劳作，一起训练，甚至还会有美丽的匈奴姑娘嫁给他们。就这样，迷路的商人被抓后，就一直待在部落里，并跟随队伍来到了新的牧草地。

日娜见到过一些汉族男子，他们大多白净、瘦弱，这个汉人却不一样。他约莫二十来岁，也许是经常跟着商队奔波的缘故，身形高大强壮，肤色因日光暴晒而显得有些黝黑粗糙，骑马放牧的俊朗身姿在日娜看来，不逊色于任何一个匈奴勇士。只是，他大部分时间是沉默的，干完牧场的活后，他总会来到牧场的一角，遥望着远方。

草原的姑娘不会掩饰自己的好奇和亲慕，日娜时不时送他自己熬制的羊奶，用手比画着，教他这里的语言，说着关于焉支山的故事。渐渐地，汉人会在她过来的时候，用匈奴语叫她的名字，也能简单地说上几句。

草场高耸的石岩是看焉支山的最好位置。夜晚，又大又圆的月亮挂在穹庐，月辉落在静谧的夜色里，将焉支山染上一层轻薄朦胧的白。两人坐在石岩上，日娜的眼睛湿漉漉的，映着月光，脸庞上有一片秋日的红河，泛着莹莹的光。"匈奴人的名字包括世间万物，就如我的名字，日娜，是河旁的紫柳，"她说，"你的名字叫什么呢？"

"我的名字叫珩，"他望着月亮，回答道，"在大汉，是横玉的意思。"

　　"那你的家呢？"她问。

　　"……长安。""长安在哪里？""在离这里有几千里远的地方。""长安的男子都像你这样吗？"

　　他笑笑，"长安城里厉害的人可多了。""那，长安的女子是什么样呢？"她好奇地问。

　　长安的女子啊，他看向眼前脸庞红扑扑的姑娘，红色的焉支像一团火，野性又热烈地燃放在浅褐色的肌肤上，谁能无视这样一张抹有艳丽焉支且真诚注视着你的面庞呢，那是在长安女子脸上所看不见的、肆意生长的神采。

　　从先秦以来的百年间，长安的女子几近执拗地崇尚"粉白黛黑，施芳泽只"，她们用雪白的米粉覆盖脸庞、双手和修长的脖颈，希望自己如美人庄姜一样，"手如柔荑，肤如凝脂，领如蝤蛴，齿如瓠犀。"柔荑是茅草新抽的洁白嫩芽，凝脂是光滑白皙的凝固脂膏，蝤蛴是圆筒状身体、内外皆白的天牛幼虫，瓠犀是瓠瓜的子，排列齐整色泽洁白，对女子所有的评判，皆以白为美，唯白为贵。她们被包裹在雪白之下，内敛端庄，像皎洁的兰花，散发着幽幽的香气。

　　如果，阿珩心想，她们也涂上这如同太阳一般明耀的红色膏脂，会是怎样呢？会不会像匈奴的姑娘一样，多些蓬勃生气？

日娜没见过柔荑凝脂，也不知道蝤蛴和瓠犀，她只觉得长安美人那样白，感觉就像焉支山顶的雪，冷冷的，怎比得上匈奴部落最美丽的阏氏。在他们代代相传的故事里，是第一代阏氏将焉支带给了族人。"焉支可是草原狼神赐予草原上最漂亮的明珠，我们匈奴阏氏的礼物。"日娜兴奋地跟阿珩说着。

　　那位阏氏是单于的宠妃。她拥有绝世的美貌，内心纯洁善良。一个偶然的机会，阏氏在焉支山上救了一匹受伤的白狼。在她的精心照顾下，白狼很快就痊愈了。临走之前，它叼来了一株红花，放在了阏氏照顾它的山洞里作为谢礼。阏氏被那红艳艳的花瓣吸引，不忍心让花朵凋谢枯萎，于是，她将花种在了焉支山谷，希望能让花儿重新焕发出生机。那花就是红蓝花。

　　阏氏每天都去看望红蓝花，精心呵护着它。一天，山中起了大风雪，等阏氏赶到时，娇嫩的花瓣已被吹散。阏氏心疼地拾起雪中仅剩的几片花瓣，拢在手中，沮丧地将脸颊贴在花瓣上，告祷逝去的花灵。当她往山下的帐篷中走去时，正好碰见练兵回来的单于，他惊叹于阏氏脸上的色彩，让她的容姿灿烂得如同焉支山的红色彩霞，叫人移不开眼。阏氏这才知道，脸上的那抹红是花瓣的花汁，白狼送给她的花原来有这样的用处。

　　美丽善良的阏氏并没有独享这份馈赠，她将蕴藏在红蓝花中的美丽秘密告诉了所有匈奴部落的女子。为纪念阏氏，也为了感谢焉支山的狼神，匈奴人将花朵研磨出的花汁命名为"焉支"。在篝火燃起的婚礼上，盛装打扮的新嫁妇会采上一株红蓝花插在发辫上，面上涂上最喜爱的"焉支"，带着狼神的祝福，与她的勇士结下一生的承诺。

想到新嫁妇，日娜感觉到自己的脸上一阵热，她忍不住问道："长安，有等着你的女子吗？"他挠了挠头："未有，谁家会把女儿嫁给漂泊不定的商人呢？"

少女的羞赧在胭支下渐渐发酵，透出更加艳丽的色泽，但旁边的人却没有发觉。草原的风卷着两人的心思飞上了月亮，只有远处牧场的小羊在咩咩回应。

时光飞逝，很快就到采摘红蓝花的时候。除了正月、五月、九月要献祭天神，匈奴部落最忙碌的就属六月。红蓝花一年一开，只在六月盛放，而只有最盛放的花儿才能产出丰润的花汁，制作出上好的胭支膏。

那段时间，部落忙忙碌碌，男人们上山采花，女人们则在山下熬制羊油。在山脚下举办祭拜狼神的仪式后，强壮的勇士们便开始上山采摘狼神留下的珍贵花朵了。阿珩紧跟着队伍，领头的是匈奴最有经验的长者，山上不比山下，变幻无常的气候是上山最大的危险之一。如果天气好，大家会很顺利地找到花田，把红蓝花带下山去。但也许会遇上坏天气或是野兽，也有可能会因为迷路迷失在山谷中，永远地留在胭支山上。

阿珩他们是幸运的，在绕过茂密的松林后，汉族青年终于看到了那一片怒放在山谷中的红蓝花。在白雪的覆盖下，花儿坚强地昂起头，一朵朵，一株株，一片片，火红的，跳动着，发出窸窸窣窣的声响，在山谷里荡起巨大的野性的风之歌。人群一阵雀跃，忙将背上的草篓放下采起花来。

阿珩拿起花端详着，花儿乍一看是红，仔细一看竟是红中包裹着黄。黄的是花瓣的外端，越往中心花瓣的颜色越红，层层叠叠，就像个燃烧的小火球。

"要采那些全开的，"旁边的人提醒道，"那边，没开的花是黄色的小团，等到花开了，小绒团就会展开了。""这花只长在焉支山吗？"阿珩问。"我没见过红蓝花开在别处，"那人坚定地说，"只有匈奴才有这份恩赐。"

阿珩学着将花朵从花托处整朵摘下，放入草篓。见没人注意，他将几株红蓝花连根拔下，花种躲在花心，被一起藏进了贴身的衣服里。

太阳快要落山时，上山的勇士们陆续归来，驻地飘荡着羊汤和油脂的浓郁香气，人们欢呼着此行丰厚的成果。日娜候在进山的入口，看到熟悉的人影出现，终于松了口气，露出绚烂的笑容。

可是，日娜不知道，她面前的俊朗男子，却有了逃避之心。他之所以会被"抓"到匈奴部落，只为一个目的——要将焉支山上的红蓝花偷带回大汉。几盒偶然流入的焉支膏在整个长安城掀起了巨浪，商人以利为驱，既然匈奴人不愿拿出焉支作做买卖，有人就重金求所制之料，他凭借过人的胆识，按计划进入了匈奴驻地，去寻找红蓝花和制作秘法。

人非无情，在这里的日子，他感受得到日娜对他的情意，眼看计划就要达成，对日娜的愧疚变得越加深刻。

日娜沉浸在对未来的憧憬中，匈奴姑娘可以嫁给任何她想嫁之人，她认定这个汉朝的英俊青年就像草原上的骏马，值得她为他相伴一生。她在花堆中，挑选出最丰润的红蓝花放在木匣里，然后夜以继日，希望能赶在花谢之前，制作出最好的焉支膏，用在自己的婚礼上。

数不清的花儿在石盆中反复捣磨成浆，要一遍一遍淘去偏黄的花汁，直到留下最纯的红色汁液。盆里摆放的汁液或有不同：有的像落日，红中带着些暗褐；有的像红河，看上去是透亮的水红；也有的像秋日的羊草，是一片金红。将被暴晒过的汁液结成块碾碎，再放入热腾的羊脂里慢慢搅拌，直到颜色完全融入羊脂，焉支膏就基本做好了。

带有油脂的焉支，轻轻在脸上一抹，颜色便漫开来，染红了眼角，染红了双颊。一天傍晚，年轻美丽的匈奴姑娘含情脉脉地看着自己的爱人，在点燃的篝火旁，唱着庆祝的歌谣。天空纯净无比，一道银白色的河从中跨过，缀满闪亮的星子。

变故，发生在一瞬间。

突然间，数支箭矢破空而来，划破了数月的平静。人们惊慌失措到处逃窜。"单于的弟弟叛变了！"日娜依稀听到士兵这么说，她慌张地寻找阿珩的身影，但一切都纷乱至极，哪还找得到人。她在火光中和混乱的马匹中跌跌撞撞地摸爬着，直到一双手将她拉上马背。

马蹄飞驰，越过木栏，往石岩方向奔去。"我要走了，"她听见马背上的人急迫地说，"日娜，你愿跟我去长安吗？"

日娜愣住了。长安，那是离部落千里之外的大汉，一个她想也没有想过的地方。

她望向焉支山。圣山巍峨连绵，笼罩着大地，日月星辰，万物生灵，都在山的庇护下栖息着，繁衍着。还有那红色的花儿，那犹如匈奴人血脉般的红蓝花，如果离开了这里，她还能看到吗？

感受到环抱他的双手松了劲，阿珩心中满是苦涩，他知道了她的选择。在远离战火的石岩下，他将她抱下了马。他还想再争取一次："跟我回大汉吧，我们会在那种很多的红蓝花！"他拿出藏着的那几株红蓝花，"长安的野地里，也会长满红色的花，就像焉支山谷一样。"

日娜吃惊地看着汉人手里的花，随即苦笑摇了摇头："红蓝花是离不开焉支的。"

"去吧。"她依恋地看向他，她舍不得让他离开，但又希望他能离开。她将脸上的焉支用力一抹，在眼前之人的脸上划下一道红痕，希望带着狼神祝福的火红之花也能眷顾心爱之人，保佑他安全地离开。日娜知道，南归的大雁，终归要回到故里，就像匈奴人，一生都在焉支山下。

阿珩走了。

被带到长安的红蓝花，终究是没有成活。许多年后，汉匈几次大战，当最后一次汉军大胜之后，他听说匈奴悲歌响彻山谷，他们唱着——"失我祁连山，使我六畜不蕃息。失我焉支山，使我嫁妇无颜色。"

从焉支山带回的红蓝花已经枯萎了，蜷缩着，一直藏在他的案头。他依旧还会想起，在山雪融化的六月，一位美丽的匈奴姑娘站在山道上，向他招手。她的笑容是那么动人，暮日的橘红斜照在脸上，衬得焉支无比明媚，带着太阳的热气、花朵的热烈，坦荡地，向人直直扑来。

二十金路易

破碎记

艾拉长到快 18 岁那年，脸型终于变了，脱掉了婴儿肥，本来的圆下巴像被巧夺天工地修理过一样，变得尖尖的，令人怜爱，配着那微微往上翘的小鼻子，秀气中带着俏皮。

这是她母亲一直在期待的时刻，以往大家都觉得她这个小女儿颜值一般，又不擅长做媚态，幸亏她性格敦厚温和，终究也不愁嫁个好人家。只有艾拉的母亲坚信女儿某天一定会化蝶，因为她记得自己在 18 岁前的圆润面庞，面上令她烦恼的驱赶不掉的红晕，很突然地就消失了，就像艾拉现在一样，眨眼间成了苍白苗条的大家闺秀。

艾拉如同少女时的母亲，在失去圆脸的同时，也失去了脸上灿烂的胭脂色。她白皙光滑的皮肤很薄很薄，近看时，能看见皮肤下发蓝的纤细毛细血管，像些被微风吹动的丝线，优雅地聚拢又散开。

母亲常常爱恋地抚摸着她的脸和脖子，给她讲述她们是多么幸运，拥有天生的细白皮肤带来的无限优势。讲述她的外祖母，为了凸显皮肤的白皙细腻，常常花大量的时间，用掺着青金石粉末的细笔，在颈部和身上描出淡淡的线来充当毛细血管。这种做法，与古罗马女人在太阳穴上描出青筋有着异曲同工之处。那些线条游走在身上，没有固定的起点也没有终点，懒散随机如同游丝，充满了隐秘和神奇的气息。

艾拉认识的所有贵族女性，不论年龄、胖瘦、高矮，都是苍白的，无论她们是天生白皙还是涂满白铅粉，因为肤白是贵族阶层最重要的标识之一。

可是光是肤白，可以很贵族很高冷，但肯定会寡淡，因为缺乏精彩，所以，艾拉认识的所有贵族女性，不论年龄、胖瘦、高矮，都会在苍白的皮肤上，涂上胭脂。

从路易十四时代到路易十六时代，法国宫廷贵妇们的妆容同出一辙：先用无光泽的铅粉在脸上打底，再在颧骨处涂上朱砂腮红，红色的脂粉，像道虹影，一直晕染到下眼睑，红红白白甚是妖娆浮夸。

从重金属铅中提炼出来的白粉，自古就被用来粉饰面容。但是铅被人体吸收后，会在骨骼与血液中循环，久而久之会引发慢性铅中毒，导致机体的血液系统、神经系统受损。此外，颜色艳丽且附着力非常好的朱砂，被制成唇彩和胭脂，被广泛使用，朱砂所含的硫化汞，也会引起慢性中毒。因此，法国贵妇的脸上，每天涂满的是危害性强大的毒素。

后来，铅粉和朱砂胭脂的毒性，逐渐为人所知。为此出现了很多解毒的方式。最神奇也是最奢侈的方法之一，是将生小牛肉片在牛奶里浸泡多时，夜里卸妆后将其敷在脸上，尽量与面皮严丝合缝。肉面膜需在皮肤上停留一整夜。据说此法不仅能解毒，还有去皱洁肤的功能。更有甚者，挤出喂养男婴乳母的奶，往里面投入一只带着羽毛的燕子，少许松节油，少许樟脑油，少许蜂蜜和两个鸡蛋，煮化成浆，夜里涂在脸上，次日用温水洗去。据说此法会使老女人的面容如婴儿般娇嫩。

虽有各种奇特的解毒法，但制作、使用麻烦，且效果未知，于是，一些用其他物质代替有害朱砂作为腮红的化妆品，开始进入上层贵族圈。

艾拉18岁生日的前两天，母亲邀请了一位神秘人物到宅内。这是个小个子中年男人，艾拉先前已见过几次，每次来家里，他都像位出色的魔法师，从大皮囊里拿出些五光十色的新奇物什，引发母亲和姐姐们惊呼连连。

这次与魔法师的见面，被设计得颇有神秘感。艾拉的眼睛被一条散发着薰衣草香味的阔丝带蒙住，母亲牵着手，让她在桌前就座。当丝带被取下时，艾拉看见了灰色丝绒毯上排列着的十几个小瓶。

"亲爱的，挑一个吧，作为你的生日礼物。"艾拉凝视着眼前的小瓶子，已然明白这些是什么了。母亲为了她18岁生日，准备了昂贵的朱砂胭脂替代品。

猩红色的缎带被剪成小块，放入精美玲珑的小瓶中，再灌上高度数的蒸馏白酒浸泡。缎带可以随时被取出，在脸颊上轻轻按敷，缎带上的红色，在酒精的作用下轻微释出，留在洁白的皮肤上，着色效果较之朱砂胭脂更自然轻盈，人面颇有细雨桃花之美妙。因为这种种优点，每小瓶缎带腮红价位在 10 个金路易至 30 个金路易间。

一个金路易在 18 世纪的法国，等于 24 个里弗尔银币，当时四五个人吃一顿丰盛的饭食，只需要一个里弗尔银币。

艾拉的目光在五光十色的小瓶子上移动。纯金的那几个，雕工装饰简洁，但看似质朴无华却掩不住豪奢和傲气；摩洛哥风格的珐琅彩瓶，艳丽中透出典雅；雕刻着百合花的银瓶，瓶盖上嵌一粒闪光的红宝石；东方的青花瓷瓶，充满了神秘的异国情调。

艾拉的手，在排列整齐的小瓶上空轻轻掠过，如蜻蜓点水，她拿起了一只晶莹的玻璃瓶。

这种玻璃瓶她很熟悉，平日里用的玫瑰水、香膏精油什么的，很多都是装在这种容器里的。

没有任何装饰的剔透玻璃瓶中，一叠红色的缎带静静地回望着她，这柔和的红色，让她感到一种说不清的愉悦和友好。

艾拉选中了玻璃瓶，价钱最低的那种，20 个金路易。

艾拉在生日晚会上第一次用了昂贵的胭脂，当冰凉的缎带片在她滚烫的面颊上跳动时，她闻到了葡萄烈酒的味道，这种芳香令她激动亢奋、沉醉迷离：自己终于正式进入了上流社会交际圈的名媛行列。

艾拉的贴身女佣小朵来自法国南部，是个沉默寡言的女孩，眉清目秀的她，脸上常年浮着两朵艳如桃花的红晕，为此，常被艾拉的母亲调侃，称这天然腮红为"年轻驴子的青春之色"。

自从艾拉得了那瓶金贵的胭脂后，小朵就时时心神不宁，平日不喜多事的她，按捺不住心中的好奇，她想知道，小瓶子里装的缎带片究竟是什么宝物，竟值20个金路易，要知道，这笔巨款在她的故乡，可以买下一个葡萄园！

终于，小朵有了下手一探究竟的机会。那天，艾拉匆匆出门，去赴她和几个女伴每周一次的音乐聚会，也是她们暗中约定的读书会。小朵将自己关在艾拉的屋里，在梳妆台前坐定，用颤抖的手，从丝绒化妆袋里取出了胭脂瓶。

湿漉漉的红色缎带，在晶莹透明的瓶中艳丽无比。小朵把瓶子放在眼前，对着从窗外射进来的阳光，注视着。鲜红色在光照下愈加鲜艳夺目，刺得她眼睛不由地闭了起来。就在这时，有人轻轻叩了几下屋门，小朵屏住呼吸，僵坐着，没有回答。

门外的脚步声远了，她松了一口气，迅速站起身来，将手中的胭脂瓶立在桌面上，拿起化妆袋准备将所有的东西归位。窗外一阵微风入室，吹开了绣着铃兰花的亚麻窗帘，窗帘碰翻了桌上的玻璃瓶，瓶子倒下，无声地碎了。小朵的心，随着艾拉的胭脂瓶，也瞬间破碎，连同她故乡那没有边际的辽阔葡萄园。

艾拉照常参加交际和舞会，携着她的丝绒化妆袋，袋里不可缺少地装着那瓶昂贵的胭脂。而小朵的目光，从打碎胭脂瓶那天起，无时无刻不充满焦虑和恐惧，她面颊上的红晕，竟在那几天完全消失了。可她担心的事情仿佛始终没有败露，这让她愈发担忧。

那天，手捧着破碎的胭脂瓶，她心如死灰，强烈的酒精气味和留在手上的红色液体，使她有种濒临死亡的感觉。她待了一会儿，捧着手中破碎的 20 金路易，跑上了阁楼自己的小房间。

小朵找出残留着一点玫瑰水的玻璃瓶——那是艾拉上个月的馈赠。她一下将芳香的玫瑰水洒在地上，清理掉红色缎带上残留的细小玻璃碴，然后将其小心翼翼地放入瓶中。

瓶子与打碎的那只一模一样，缎带放在里面也看不出什么异样，可原来那瓶里的烧酒却被洒干净了。小朵想了一会儿，冲下楼去，跑进无人的厨房，从柜中拿出一瓶白葡萄酒，对着瓶嘴喝了一大口，含着微微辛辣的酒，再次跑回了屋里。

那瓶昂贵的胭脂，一直静置在艾拉的化妆袋里，如果有人拿起来仔细看，就会发现，瓶中泛起了些许细微的泡沫，这是度数太低的白葡萄酒取代高度白酒造成的。如若有人打开瓶盖，也一定会闻到葡萄酒轻微发酵的酸味。

幸运的是，艾拉好像完全遗忘了她的 18 岁礼物，这些日子，她的妆容清雅了许多，她的青春之花，连同她脸颊上失而复得的红晕，正摆脱那些厚重脂粉的阻挠，灿烂盛开。

就在小朵打碎 20 金路易胭脂瓶的那天下午，在伴着巴赫与莫扎特音乐的读书会上，艾拉读到了早她将近半个世纪的法兰西学院院士拉布吕耶尔的《品格论》，她美丽的眼睛里，放出了如释重负的兴奋光彩。

"如果女人的美丽只是想给自己看和让自己喜欢，那么她们完全可以按照自己的口味和爱好来装扮自己选择饰物和首饰；可是如果她们想要讨男人的喜欢，如果她们是为了男人而梳妆打扮，我曾收集意见，我代表所有的男人，或者大部分男人说，白色和红色会让她们变得难看和令人恶心，单是红色就会使她们变老和使她们面目全非。男人也讨厌看到女人脸上涂着白粉，嘴里装着假牙，腮帮挂着腊环；男人强烈反对她们为了使自己变得丑陋所使用的一切化妆。

"如果女人这样的天生尤物要靠化妆使自己变得具有女人韵味的话，那么她们一下子就会丧失肤色的全部鲜艳；如果她们得靠化妆用的胭脂让面孔泛红有色，那她们便会痛苦莫及了。"

这是拉布吕耶尔书中"论女子特性"一章里的两段话。《品格论》出版于 1688 年，代表了当时许多伦理学家和作家们对法国宫廷浮夸的浓妆艳抹的冷嘲热讽，他们将女人的妆容上升到了伦理学和社会学的高度，把化妆与肤浅、虚伪和谎言相提并论。

镜外观

十多年前刚来杭州时，我每天都要走过　脂巷去报社上班。当时的感觉是江南风水虽好，地名却颇多甜腻，让我这个西北人好比公牛闯进瓷器店，多有　之处。你说，我这个体重两百斤的　　大汉每天出没于　脂巷究竟成何体统，平白减弱了我许多天纵豪情。

其实，　脂一物倒还真来自我们大西北的河西走廊。据说匈奴失去祁连与焉支二山后，曾唱出这样一首悲歌："亡我祁连山，使我六畜不　息；失我焉支山，使我嫁妇无颜色。"焉支，又作燕支，其山遍生红花。匈奴嫁妇，采其花，榨其汁，凝为脂，以为饰。后来，焉支才写作　脂。诗仙李白也这样写着："虽居焉支山，不道朔雪寒。妇女马上笑，颜如赪玉盘。"意思是擦着　脂的妇女容颜就像红玉盘一样美丽。

不论中外，似乎女性都以白为美，唯白为贵，但光是肤白就会缺乏精彩，因为人在心动时会脸红，所以苍白的皮肤上涂上　脂会更有生命力。　脂总与"掩盖真相"有关，化妆也总与肤浅、虚伪和谎言相提并论。

两篇故事其实都与"事故"有关，《焉支》里的日娜爱上了一个落难的长安男人，她从开始的那一刻就等待着"离别"，而《腮红》里的女佣打翻了价值20金路易的　脂瓶，于是她心惊胆战地"替换"了一个　品，她始终等待着"罪行"被发现……

　脂，本为生命的血色乃至决绝的意志，如长河落日般壮美，也如大漠孤烟般执着。再好的　脂，都不如"那一捧热烈的心跳"带来的面色潮红与不顾一切。

张海龙

面

霜 *Face cream*

美人面
玉容颜

    德龄的相册里，一直珍藏着一张照片。那是一张合影。拍摄时，大部分人都还没准备好，有人在走动，有人在跟旁人低声说笑，德龄看着镜头，尽量让自己看起来挺拔优雅。在她身旁，位处中间的也是地位最为高贵的女性，正侧坐在椅子上，对镜整理着妆容。也许是摄影师觉得生动有趣，也许是在调试机器，闪光灯"嘭"的一声，定格住了皇宫内苑难得的不那么"正统"的图像。

    每当看着这张照片，德龄总会想起她那如梦般的传奇经历，对镜梳妆的正是其中的主角，大清的太后——叶赫那拉·杏贞。

    时光回到德龄17岁那年，父亲的外交任期刚好结束，全家人坐上回国的邮轮，从巴黎返回京师。才安顿下来，庆亲王忽然上门拜访。寒暄了一阵后，他满面笑意，拿出了当今大清圣母皇太后的一份懿旨，说出了此次上门的目的。"太后知道裕公的两位女儿聪敏灵慧，特宣两位入宫，为太后和列国使臣夫人们做翻译，真是可喜可贺！"

两姐妹还懵懵懂懂，就被父亲拉着一起接了旨。"何时入宫？"她听见父亲毕恭毕敬地问道。"明儿一早，颐和园觐见。"

　　父亲看上去有些忧虑，他见惯了官场上的尔虞我诈，不愿让女儿们卷入波澜诡谲的宫廷之中，这次回来，他只希望她们能过着自在的人生，可没想到前脚刚回，后脚宣召的旨意就到了。但当时的德龄并不能理解父亲的想法，她与妹妹很是兴奋。阔别8年再回到京师，德龄对这里的一切感到陌生和好奇，她好奇重门深锁的紫禁城，想象着宫廷里的华丽和庄严，渴望着能进去看看宫里到底是个什么样子，更别提还能为宫中最有权势的太后做翻译了。她已不再是闺阁中的官宦小姐，而是接受过教育能独当一面的女性，她希望自己也能像父亲一样，为大清做些什么。

　　觐见太后是件大事，必须严肃庄重。但姐妹俩才刚回来，仓促间还没有定做合身的旗装，庆亲王的一番话宽慰了她们。他说："太后反倒希望德龄和容龄能穿着洋装去，她老人家很想借此了解一些外国人的装束。"

　　这样的回答，让德龄对素未谋面的太后一下感觉亲近起来。为了能以更好的状态面对太后，她睡前厚厚地涂上了一层从国外带回的面霜。那是由蜂蜜、牛奶和玫瑰调配而成的芳香膏脂，德龄希望用它能抵御住京师干燥而寒冷的天气，不至于脸上出现恼人的脱皮红斑，影响她在太后面前的第一次亮相。而在装束方面，不同于妹妹选择的天蓝色洋装，德龄选择了一身红——红色的蓬裙、红色的鞋袜，就连帽子也是红色的，上面还插着美丽的羽毛。不知为什么，她觉得太后一定会喜欢红色。

第二天，当两位像西洋油画般的人儿走出轿子时，前来迎接的人群对她们奇异的装扮发出了一阵惊叹。姐妹俩被请到一间精心布置过的房屋中，一位宫女笑盈盈地说太后正在梳妆，叫她们稍等一刻。之后，她们被带到一座雄伟华丽的大殿门口，有人高声喊着："太后传旨召见！"

德龄这才看到了她一路上都在想象着的那位太后。

那一幕如烙印般深深地刻在了德龄的脑海里。多年后，许多细节仍历历在目。只见，一位看上去年纪稍大的华服女子在许多宫女的陪护下，从大殿牡丹屏风后款款走出。她穿着一身黄缎旗装，布料上开满了大朵大朵的红色牡丹。她的发髻上满是珠宝，最显眼的便是中央那只美玉雕琢而成的凤凰，嵌在漆黑的旗头间。肩膀上，一件渔网状的珍珠披肩对称地披挂着，上边的珍珠数不胜数。她的手指修长漂亮，小指和无名指戴着珠宝、尖长的黄金甲套，优雅地搭在身边之人的手心之上。

在大殿中央的宝座上坐定后，这位女子将目光向德龄她们投来，和蔼地说道："来，上前来，让哀家看看。"这就是少女德龄与叶赫那拉氏的第一次见面。她激动又小心翼翼地走上前，在远处她只觉得太后身形苗条，仪态雅正，等到凑近了，她更惊叹于太后年轻的容貌。她的肌肤看上去白嫩光滑、细腻柔软，眼睛清澈明亮，这顶多与她母亲差不多岁数，甚至看起来还小些，谁能想到，这是一位已经年近七旬的女性呢。

看着女孩毫不掩饰流露出的赞叹，慈禧莞尔一笑，多可爱啊，她爱怜地抚着德龄的头发，转头向旁边服侍的宫女说道："看这小脸，都冻红了，把哀家的玉容散拿来吧。"那是一个用镶金瓷盒装着的凝膏，散发着清新的芬芳，与太后身上令人舒服喜悦的味道一致。姐妹俩恭敬地接过御赐之物，便在宫中住下，从此开始了御前女官的生活。

德龄很快凭借自己出色的翻译，得到了太后的认可和宠爱。太后总留着德龄在身边，作为御前女官，她也得以接触到太后更为隐秘的生活。德龄发现，比起政事的讨论和与使节们的周旋，太后把更多精力放在了那些极尽奢华和奇异非常的美容上。

太后极其重视肌肤的保养。千年来，对东方美人的评价，是为容色如花、头发乌黑、眼睛明亮。万般的美丽以容色为先，容色如花，则首在肤如凝脂。为了达到这个效果，太后自有一套使得她青春常驻的"秘方"。

第一样，是珍珠。这是太后最钟爱的养颜之物。德龄清楚地记得，太后是如何称赞珍珠粉的："德龄啊，这东西很好，能让哀家的肌肤永远柔嫩白皙。"太后每日都要使用珍珠粉，须臾不可离。御医说："珍珠涂面，令人润泽，好颜色；涂手足，去皮肤逆胪。"所谓"逆胪"，就是皮肤粗糙，起倒刺。珍珠不仅可美化容色，亦有滋润肌肤的功效。

宫中珍珠研粉的用料极为讲究，且程序繁复、费时。首先，要选择品质上乘的太湖珍珠，将其洗净，用布包好之后，加豆腐、水，一起煮一个时辰。取出后，将珍珠洗净、捣碎，再加入少许清水，缓慢地精心研磨，直至其指粘如无，干燥后即可备用。状如细末的珍珠粉，须用鸡蛋清调匀，方可使用。太后每天晚膳之后，会先用温水洗面，涂抹好珍珠粉，等到就寝，再用玫瑰花或茉莉花和上好几种香油制成的肥皂，将珍珠粉洗去，然后搽上忍冬花露，才踏踏实实地睡去。

第二样，则是人乳。这是让德龄感到最不可思议的。每天清早漱洗完毕后，太后必定要喝一杯人乳，她笃定地认为，人乳可"补五脏，令人肥白悦泽"，这是她能永葆青春肌肤最关键的内方。

乳母是宫中专门从满族八旗子弟的妻妾中挑选出来的，面貌端正，年龄在15至20多岁之间。她们一进宫就受到各种优待，吃的穿的都与别人不一样，特别是饮食，御厨们会精心准备营养充足的膳食，以确保用乳的质量。太后相信，越是貌美女子的乳汁，越是能赋予她长久而美丽的滋养，如果选到了一位特别满意的妇人，她的面貌长得又极为好看，太后就会长留她在宫里，让人好生伺候着。通常，宫中会轮流召唤两三个乳母，以便每日早上提供太后所需的人乳。

第三样，就是初见面时太后赏赐给德龄她们的玉容膏了。德龄原来对这小小的膏药并不在意，觉得可能只是太后垂怜的日常赏赐之物。直到一次与贴身服侍太后的另一位女官闲聊，她才得知，那盒玉容膏竟是御医们专为太后研配的宫廷秘制，许多女官都求而未得。

与德龄先前所用的浓郁的西洋护肤霜不同，玉容膏散发着淡淡的草木清香，轻抹在皮肤上，柔滑透润，透着肌肤自然的光泽。那些由于干燥气候导致的浮皮和细纹，被白玉状的膏体安抚着，像卷曲的秋叶得到了露水的润泽，摸上去清爽柔嫩，舒服得很。

说起来，玉容膏也颇有故事。太后年轻时凭借如白莲般的姣好容貌得到荣宠，但随着年纪增长，面部时有痉挛，且脸上出现了黄斑，这令太后大为伤心焦虑。太医院中御医不少，可擅长美容养颜的只有两人，李御医擅诊治，张御医擅制药。不巧，李御医因为父亲去世回家守孝，重任自然落到张御医的身上。

张御医借鉴金代宫廷的配方，很快配制出了"八白散"献给太后。她按照张御医的嘱咐，每日早晚各一次敷"八白散"，可一个月过去了，脸上并没有很大的变化，看上去斑块只是稍稍浅了些。太后勒令太医院二十日内必须拿出彻底祛斑的药方，否则张御医小命不保。张御医连忙给好友李御医写了一封信，接到求救信的李御医，守孝还未结束，便急匆匆地赶了回来。问明情况后，李御医思索良久，写下了一个神秘的药方交给张御医，并交代别让其他人知道。张御医看罢配方后对其中的几味药材目瞪口呆，为了避免事后争端，他将药方牢牢记住，之后将其烧毁，在规定的期限内，调配出了新药"玉容膏"呈给了太后。

玉容膏的效果立竿见影，太后不仅重赏，还特下谕旨将"玉容散"列为储秀宫的永贡用品。在许多年后，德龄也才知道，原来，"玉容散"跟"八白散"成分几乎差不多，唯独多了两味药，即鹰条白与鸽条白，竟是雏鹰和雏鸽的粪便。张御医找来九只上好的雏鹰与雏鸽，用适量"八白散"喂养，并在九天之内收集起它们的粪便，那些呈白色的粪便就是鹰条白与鸽条白了。

这两味药具有化积消黯的作用和防皱灭痕的神奇功效，但御医们是断断不敢将它们的来源告知太后的，只说这是药典中所记载的秘方，直到太后去世数年后，世人才知晓。

关于美容的话题，太后与德龄时有讨论，太后好奇于西方宫廷的美容之法。德龄告诉她，法国的贵妇们也崇尚自然，调香师们会用花儿萃取的精露当作护肤霜稀罕的原料。很久以前，御用调香师以"特里亚侬花园"为灵感，为玛丽王后用玫瑰等植物花卉特制了一瓶护肤精华，令她终身痴迷。又比如，人们以法国国花莺尾为灵感，制作了一款号称能抵御肌肤衰老、紧致肌肤的卓越护肤产品，轰动了当时法国的上流社会。

民间也会有一些有意思的护肤方式，"找一块新的、没用过的铁片，放在火上烧红，然后倒上白葡萄酒，里面的气体会蒸你的脸。然后再把铁片加热，喷上细粉末药，马上用一条薄毛巾在脸上吸收蒸汽，防止它蒸发。用毛巾轻轻擦拭脸颊，两周后，你的肤色看起来会焕然一新。"

"在凡尔赛宫，几乎所有女人的口袋里都带着一个小盒子，里面装着假痣、口红、刷子和小镜子。走到哪里，她们都会拿出自己不做作的化妆盒，随心所欲地补妆。"德龄介绍道。在德龄的引导下，太后也开始尝试西洋的一些新鲜玩意，比如高跟鞋和染头膏，而最让她欲罢不能的，是能完整清晰呈现她容貌的照相技术。

德龄与太后拍了不少照片，她们站在颐和园的排云殿前，画上美丽的妆容，只等摄影师一声示意，在镁光灯燃烧的烟雾中，记录下当时的自己和宫中的岁月。

尽管表面上看起来，宫中的生活风平浪静，但德龄知道，这只是一时的假象，面对越来越紧迫的局势，太后未有动作，她虽

然心怀梦想，但步履艰难。初入官时的欣喜与志向，在一点点地
消逝。

终于，在官中待了两年后，德龄和妹妹以看望父亲为借口"出
逃"了。再过了两年，德龄和当时的美国驻沪领事馆副领事撒迪
厄斯·怀特结婚后，便随夫去了美国。

在美国的这些年，德龄总会回忆起年轻时的过往，与人们讲
述着紫禁城的故事，两年的官闱生活虽然结束了，但对于德龄的
影响远不止两年。德龄翻看着那些照片，写下了许多关于大清官
廷的故事。想象与时空交错，德龄的妹妹在故事的前序写下这么
一段文字：

"……有一二事迹，说得天花乱坠，俨若海市蜃楼，令人不
可捉摸……若论是编新奇热闹，只作小说看为消闲释闷则可，若
视为记事，则半属镜花水月……"

不管怎么说，在德龄的字里行间，人们得以一窥那神秘绚丽
的清宫隐晦，知道了那带有东方传奇色彩的珍珠粉和玉容膏，如
此翔实的描写，是正史所无处可查的。

阿黛丽的
阿尔及尔

　　阿黛丽出生的那个夜晚，空气闷热难耐，远处的天空不时出现着青白色的闪电，伴着隐隐的雷声，但雨却始终没有落下。这年的 7 月，是法国南部一个不同寻常的夏天，炎热和干旱相伴，使乡村笼罩着无奈的烦躁。阿黛丽家族庄园的人畜，也都脾气反常，只有山坡上挂满果实的辽阔葡萄园，郁郁葱葱，让人充满了对丰收的期盼。

　　昏黄的灯光照在婴儿黏糊的身体上，反射出柔和的光。接生婆用蘸了温水的旧亚麻布手巾，轻轻地敷着她的小脸，婴儿那头细软的金发，同此时瘫软在一边的母亲的一模一样。阿黛丽面颊上，有一小块仿佛凝结住的血污，在手巾的擦拭下，丝毫没有淡去。接生婆略微加重了手势，婴儿的啼哭，唤起了母亲的注意力。

"没事儿，夫人，小姐的面上，有颗可爱的小草莓。"接生婆微微一笑，低声安慰着初为人母的女人。阿黛丽左脸上的小草莓是淡红色的，围绕着她蓝灰色的大眼睛向鬓角和腮展开，边缘曲曲折折的，如同地球仪上的边界线。

母亲让人给她画了一张像，丝毫没有掩饰面颊上的红色胎记。肖像寄给了远在阿尔及利亚打仗的父亲，他此时正和法国军团的战士们一起，沉浸在征服这个非洲国家首都阿尔及尔的狂欢中。看到女儿面上的小草莓，他觉得和刚打下的阿尔及尔城形状极像，刚从宿醉中醒来的他，不由脱口而出："阿黛丽，我的征服女神！我的阿尔及尔！"

从此，阿黛丽的昵称就成了"征服女神"，可其实，没有人这样称呼她，大家都觉得"阿尔及尔"更朗朗上口。

随着年龄的增长，阿黛丽脸上的胎记失去了那惹人怜的淡红色，变得越来越深了。她开始痛恨自己的脸，痛恨"阿尔及尔"，连着也恨这个她从未去过的地方，痛恨非洲，就连偶尔父亲昵称她为"征服女神"，都会引起她长时间歇斯底里的抽泣，这两个她从小就听惯了的昵称，此刻在她耳中，是无尽的羞辱。

善良的人们按照传统习俗，说她的胎记是因为母亲怀孕时想吃草莓而没能如愿，在孩子的身上留下遗憾的标记。而不友好的人们，说她脸上流的是父亲在阿尔及尔杀戮时的一滩血。阿黛丽的父母并不在意这些说辞，他们的关注点始终在怎样解决女儿脸上胎记的问题。从巴黎请来的医生和从意大利请来的草药师的说法一致，目前还没有任何解决办法。

阿黛丽大了，她养成了向左微微低头的习惯，仿佛想要以这个姿势来掩饰自己的胎记。有时她鼓起勇气，在深夜的静谧中凝视自己的脸颊，深红色的胎记，如同一个没有涟漪的血色池塘，静静地环绕着她那蓝灰色的大眼睛，秀丽的眉毛，奇迹般地躲开了胎记的渗透，如同一弯月牙，俯视着那血色的池塘。

在阿黛丽15岁那年，她决定将自己的脸隐藏到面纱后面，不让外人看到她与生俱来的耻辱，直到永远，或者奇迹发生。她无数次在梦中窥到这个奇迹，自己白皙光滑的面颊，没有了面纱的遮挡，她感到风吹在脸上的惬意，雨打在皮肤上的清凉，她可以坦荡地直视所有人的眼睛，任何人喊她"阿尔及尔"的时候，她将以笑靥相向。

但奇迹却遥遥无期。

阿黛丽觉得，她或许会变成那个创造奇迹的人。于是，她开始了自己寻求消灭"阿尔及尔"之路。在随之而来的岁月里，她读了大量的古代文明和中世纪文明史料，也读欧洲近几个世纪以来的科学研究，各种秘方面霜和成分复杂的油膏，让她眼花缭乱不知所终。但她深信，世界上必定存在一种神奇的东西，会抹去她的耻辱，驱散笼罩她这么多年的痛苦。

阿黛丽读到，古埃及的萨巴女王，拥有一张使人神都为之震撼的美丽面庞，没有一丝瑕疵、光滑细腻的皮肤，在沙漠的劲风和骄阳下，都始终保持着完美无瑕的状态。她用的夜霜，被阿黛丽称为骆驼脂夜霜，但其中的主要成份，对她来说，是个始终未解的谜。一种神奇的灵草，叶片上带着露珠，在皎洁的月光下被采集，放入文火炼出的骆驼油脂中浸泡多日，待油脂凝固变成洁白，夜霜就制成了。每天临睡前，用它涂抹脸颊和脖子、双手，第二天早晨再用大量热水将其洗去，皮肤不但柔软富有弹性，而且所有的斑点和皱纹，都会荡然无存。

阿黛丽在骆驼脂夜霜配方中，并没有找到神奇灵草的名字，但她在其他古埃及人常用的面霜配方中，找到了另外可以使用的东西，其中有矿物和植物，她单独或搭配着用这些东西和骆驼脂、牛骨髓脂、羊骨髓脂搅拌在一起，制成气味和颜色各异的油膏面霜，她试过含锑脉石、青金石、朱砂、孔雀石、藏红花、豆蔻等，轮番把这些面霜涂在脸上，效果可谓冰火两重天——左边的胎记愈发鲜红，而右边的面颊，却出奇地白皙润泽。

阿黛丽了解到古罗马人对容颜的执着，他们对一个美丽女人最基本的定义，是她要有光洁细腻的皮肤，更重要的是，必须肤白胜雪。古罗马诗人奥维德曾经这样吟诵过："女人啊，你须知道的是，如何粉白你的面颊。" 作为诗人，他甚至亲自写过一篇有关美容的短文，其中有诸多驻颜建议和方法。

古罗马人用面包屑掺上无花果汁或葡萄汁、黄瓜汁，做成养护皮肤的面膜，夜间敷在脸上，橄榄油、蜂蜜和玫瑰水，也是面霜不可缺少的成分。牛奶或驴奶，更是珍贵的配料。在高级面霜中，最常用的主要配料，当属绵羊脂。

阿黛丽按照中世纪转录的一个古罗马面霜配方，用绵羊脂、淀粉和白铅粉，调出了一种腥臭的油膏。她知道，散发着腥膻味的绵羊脂，在面霜里是调和链接其他配料的基础，淀粉用来放松皮肤，使之变得柔软细腻，而白铅，在这里是最重要的原料，它可以使皮肤变白，那种脆弱而病态的苍白，在阿黛丽的心中，是这世界上最美丽的肤色。可腥臭的油膏，除了在她脸上留下干涩和轻微刺痛之外，并没有起到她期待的作用。

搁置了这个秘方，她又开始各种新的尝试。她用过石膏、蚕豆粉、硫酸钙和草木灰，用过葡萄醋、蜂蜜和橄榄油渣，用过蜜瓜根须干粉、鳄鱼粪便和鸽子屎，用过蜂蜡、杏仁油、玫瑰露、莳萝、蘑菇、罂粟、百合和鸡蛋。

除了内服石英粉，她还喝下大量的孜然泡水，以致全身的毛孔都散发出孜然那强烈的气味，因为据记载这是漂白皮肤的内服辅助物质，她用石英粉在脸上反复摩擦，为的是让面霜更有效地浸润皮肤。

西芹煎的黄褐色液体，在很长时间里，取代了她的洗脸水。她让人寻找高大的桦树，在树干上打洞，取其汁液，一遍又一遍地抹在脸上，桦树汁的清凉和芬芳，能暂时平息她的痛楚。

阿黛丽将生命的全部意义都奉献给了征服她面颊上的红色"阿尔及尔"。她的左脸常常不是五彩斑斓，就是百孔千疮，但这却给她莫名的信心，每脱一层皮，每烂一次脸，她都认为是在朝最终目标靠近。阿黛丽坚信古人在美容方面的智慧，坚信在某个明媚的早晨，当她用温水洗掉前一天夜里涂在脸上的面霜或油膏时，她的耻辱将会和盆中的脏水一起，被痛快地泼到院内的石板地上，在阳光下永远消失。

但奇迹就像个古怪的恶精灵，始终没有出现。

又是一个闷热的夏日夜晚，缠绵病榻已久的父亲突然挣扎起身，抬手抚摸坐在床前的女儿，她的头没有习惯性地向左边垂下，而是直视父亲那憔悴的面孔，她那深红色的胎记上，泪珠缓缓流动，美丽如雨中落英，而她的另一半边脸，洁白细腻，完美无瑕。

"我的征服女神！我的阿尔及尔！"

阿黛丽最终归属阿尔及尔，彻底洗净了欧洲那些沉重或轻盈的面霜，她和她的鲜红胎记，在阿尔及尔的长面纱下，终于得到了庇护。

镜外观

　　为了美颜常驻，人们探求各种各样的技术。有的是想去除胎记或深沉的色素沉着，有的是想让皮肤变得细嫩，最好吹弹可破。《诗经》里说，"手如柔荑，肤如凝脂"。《长恨歌》里说，"春寒赐浴华清池，温泉水滑洗凝脂"。翻阅文学作品，可以找到大量的诗句写女子美好的容颜和细嫩的肌肤。时代发展到今天，人们也在手机屏幕上不厌其烦地使用美颜工具，让照片上自己的皮肤看起来更加细嫩洁白。古往今来，人们在对待皮肤这件事上，审美标准出奇一致，第一是白，第二是嫩。

　　文中的阿丽将生命的全部意义，奉献给了征服她面颊的红色"阿尔及尔"。她尝试各种各样的美容秘方，试图除不够美好的部分，石膏、蚕豆粉、硫酸钙和草木灰，葡萄醋、蜂蜜和油渣，蜜瓜根须干粉、鱼粪便和鸽子屎，蜂蜡、杏仁油、玫瑰露、萝、蘑菇、粟、百合和鸡蛋……除了外用，还内服石英粉，喝下大量孜然泡的水，意图内外结合实现自己的美颜理想。

　　太后也有各种各样的美容秘方，仅仅玉容膏一项，就有诸多绝密的成分，比如鹰条白、鸽条白竟是雏鹰和雏鸽的粪便，而御医能找到这样的美容妙物，应该也是"上穷碧落下黄泉"，可谓费尽心机了。原来，世上女子不管地位如何，都拥有着同样一个梦想。

周华诚

口 脂 *Lipstick*

朱唇一点惹人痴

　　起风了。夏姬靠在床榻上，眼微微转向窗户。竹影晃动着枝条，叶尖撞向缝隙，纸窗像是被割开了浅浅的一口，风息由此钻入，给密闭的房间带来了丝丝清明。油盏上的火苗发着微弱的光，忽明忽暗，夏姬知道，自己的生命，就如那油灯，很快就要走到尽头了。

　　她吃力地动了动身子，示意服侍的婢女为她梳洗。屈巫要来了，她不愿让他见到如此病恹枯就的面容，粉敷面，黛画眉，朱点唇，当浓烈的一抹赤绯停驻在苍白的面容上，仿佛那不断消逝的生命也随之鲜亮了起来。夏姬恍惚地看着铜镜，她好像看到了溪边的苇塘，有细嫩的新柳点染着暮色，还有一个模模糊糊的身影，向她跑来，欣喜地唤她："公子少！"

　　岁月太长，长到夏姬差点都忘了，夏姬并不是她的原名，她是郑国的公子少啊。

她生在君王之家，是郑国君主郑穆公最宠爱的小女儿。传承了父亲的聪慧和母亲的美貌，郑国小公主在豆蔻年华时已出落得明艳美丽，有哪家的王公子孙不想得到她的青睐呢。人们这样流唱着赞美公子少的歌谣："野有蔓草，零露溥兮。有美一人，清扬婉兮。邂逅相遇，适我愿兮。"

母亲希望她有个长久幸福的归宿，请巫师祈福算卦，巫师前半句说的是，这孩子生于富贵，后半句却是峰转直下："但命途多舛，多经变故。"

此时，清扬灵婉的少女还不知愁为何物，肆无忌惮地体会着世间的美好。她心悦同父异母的哥哥公子蛮，喜他随口的博古论今，马背上的神采飞扬和待人的温和细腻。她期待与公子蛮每一次的见面，年轻娇俏的面庞只略施粉黛就十分动人。她不愿涂宫中的口脂，因为朱砂染就的唇脂浓厚红艳，于她而言太过突兀。她让人寻来茜草，细细将根捣碎取汁，又采来兰蕊，将幽香的花朵浸淬入汁液，再用那被染成粉红的花瓣轻敷在唇上。原本用于染衣的红色草液，就这样在娇嫩的唇上泛开，带着甜美的气息，吐露着甜美的话语。

14岁那年的春浴节，街上来来往往，人们以芍药为信，赠予情人。在野外的塘边，她看到了一丛盛放的芍药，如桃花飞雪般妍丽。她用力摘取，却不想一脚踏入泥沼，人往塘里栽去。身后传来公子蛮焦急的呼喊，幸好，旁边有人一把将她拽住，这才脱离了险境。顾不上感谢，她扬起手中的芍药，开心地朝公子蛮说道，"这株芍药，你接是不接？"

异样的情愫在禁忌中发酵生长，许是上天觉得，这份爱恋是断断不可继续，公子蛮在收下芍药后不久，便染病去世了。少年时的爱恋戛然而止，她就像一只被箭镞刺穿的小兽，身上疼痛却又无处解脱，她几近癫狂地将还未用完的茜草汁一遍一遍地用力涂抹在唇上，划破的双唇紧紧抿着，试图将所有记忆封尘在死寂的心中。

郑穆公不允许这荒唐事成为百姓的谈资，在她 16 岁那年，给她定下了亲事，嫁给陈国的司马，夏御叔。

最美丽的公子少要出嫁了，整个郑国王宫都在抓紧准备着嫁妆。数不尽的琳琅环佩、青铜皿器和华贵布料被一一装入木匣，她的母亲，则为女儿备下了最体面的红装。奴仆们杀牛宰羊，割取肉间的脂油和骨髓下锅烹熬，侍婢们将运来的朱砂矿敲碎去杂，用陶盆一遍又一遍，淘洗着砂末，直到最细腻的一层朱粉浮上水面。母亲将准备好的牛羊脂膏、丁香、藿香及各类上好的香料投入酒中，先是旺火大烧，然后撤火微煎，等到脂香微溢便掺入朱砂。母亲慢慢地搅啊搅啊，直到鲜红完全融于油脂，最后冷凝成一块油润的红玉。

出嫁那日，她穿着玄色衣裙，乌黑的长发被片片绾起，如垂云般用玉笄固在了脑后。母亲在她被脂粉遮盖得毫无血色的唇上，覆上厚厚一层朱砂制成的口脂。昔日的少女，已慢慢褪去稚气，鲜红勾画出饱满的双唇，透露出绝代美人的风姿。忧心的母亲想到巫师的话，捧着女儿的脸轻轻说道，"孩子，一定记住，这副容貌就是你安身立命之本。"

这一去，便再也没了公子少。她随了夫姓，住在封地株林，从此，她便只唤作夏姬了。夏御叔大她十几岁，对她很好，她嫁来的第二年，就生下了儿子夏南。小小的孩童由乳母带着，看见夏姬就会咿咿呀呀地唤着。她看着他从蹒跚学步到骑马拉弓，她才不过20出头，正是风华正茂的年岁，朱唇皓齿，颜如舜华。她想，她的一生可能就如此安遂地过下去了。

　　空闲之时，她会跟身边熟稔之人说起郑国的趣事，说到为了采春浴节的芍药差点掉到水里，说到年少时用茜草取汁来替代朱砂。陈国没有茜草，但有苏木，她便叫人采来苏木，有事没事捣弄着打发时间。

　　苏木之色藏于枝干，需劈成细长小条，用水煎煮。她用匕首细细剖开树干，看到赤褐的硬皮下渐渐露出暖阳般的树芯。在滚烫氤氲的水汽中，木芯慢慢沉下，然后开始翻腾。不像茜草的鲜，不像朱砂的浓，熬制的苏木汁液从浅绀，到红绛，到赤褐，变幻的色彩让她实在着迷。她忍不住用手指蘸了蘸，点在唇上，热气化开了原来的唇脂，留下苏木重色的一抹，自内向外，由深至浅，缓缓散开，竟是意外的好看。

　　然而，平淡而安闲的日子终止在夏南12岁，夏御叔病逝。孤儿寡母面对尔虞我诈，处境每况愈下。要保儿子顺遂长大，她不得不接受陈国国君的"示好"，绘起精致的妆容，每日在住所备上丰厚的酒宴接待。

　　株林白昼黑夜，鼓瑟长鸣。她披上轻纱，体态轻盈地在殿中起舞。佩玉发出锵锵声响，汗水让脸上透出晶莹的白，更显得唇色如血，眉目如画。陈灵公接过她的酒盏一饮而尽，盏沿上尚留有一半唇印，隐隐散发出山丹花的芬芳。

国君来得太过频繁，在陈国民间掀起了波澜。"胡为乎株林？从夏南！匪适株林，从夏南！驾我乘马，说于株野。乘我乘驹，朝食于株！"人们讥讽道，国君这一天天的，从早到晚都要去趟株林，到底为甚？这是国君体恤夏公，去看夏南呐。

夏南已是18岁的血气男儿，他知道母亲的委曲求全，可母亲能忍，并不代表他能忍。夏南心中的积愤在一次陈灵公调侃夏御叔与夏南父子关系的玩笑中彻底爆发。他手执弓箭，在惊恐的尖叫声中，一箭结束了陈国国君的性命，随即率兵入城，自立为陈国公。

这下，陈国大乱。"异姓夺王，天理不容啊！"当时在株林目睹惨案的两位大夫慌忙逃往楚国，状告夏南弑君篡位，请求发兵，楚国当即率兵伐陈。一番混战之后，夏南被抓，处以"车裂"，陈国被陈灵公的太子午接手，而夏姬被俘，被当成胜利品，进献楚王。

被带往楚王宫的那天，她身着月白素衣，长发未盘，仅用花油涂抹梳顺。她揭开脂盒，手指在膏面轻轻划圈，被指尖温热融化的膏脂，被点在眼角，然后斜划出长长的一道殷红。指尖残留的膏脂，则点在唇中，轻压出桃花瓣的形状。

在大殿上，她跪拜在地，直到听见有人命她抬起头来。此时，立于殿上的仅有三人，楚国国君楚庄王，楚王的弟弟，大司马子反，以及楚国第一重臣，屈巫。他们似乎在争论些什么，屈巫言辞激烈，说道："不可！君召诸侯，以讨罪也。今纳夏姬，贪其色也。贪色为淫，淫为大罚啊！"一人又说了什么，屈巫更加反对，"是不祥人也！是夭子蛮，杀御叔，弑灵侯，戮夏南，出孔仪，丧陈国，何不祥如是？人生实难，其有不获死乎？天下多美妇人，何必是？……"

她想起最早巫师所卦之象，想起母亲在她出嫁之时对她所说的话，她不过想要安身，如何就成了不祥？她不甘地看着屈巫，觉得实在可笑。争论的最后，她被赐给了楚国大夫连尹襄老。一年后，楚、晋两国大战，楚国大胜，连尹襄老却在此战中阵亡，尸首被晋国扣留。连尹襄老的儿子黑要继承父业，又打起夏姬的主意。

她终日惶惶，此时一封信笺随食偷偷递给了她。写信之人，竟是一个意想不到之人，屈巫。字迹略草，可见写字之人的匆忙，信上写着："归，吾聘女。"

她怎么也想不到，原来屈巫自见到她起，便已在谋划长远的一盘棋。他阻止楚王和子反，就是为有朝一日，能迎娶夏姬。可是，为什么？她来不及深想，黑要的逼迫近在眼前，她同意了屈巫的提案，归，便是能回到那生她育她的郑国啊。

屈巫向楚王提出建议，借助夏姬娘家郑国和晋国的良好关系，以夏姬给亡夫下葬为名义，要回连尹襄老的尸身，郑国也遣使者表示自己愿意当这个中间人。最后三国君主达成协议，由晋国归还连尹襄老，因路途遥远，可在距离较近的郑国由夏姬下葬，而楚国归还被俘的晋人。

就这样，在 35 岁那年，她终于又回到了郑国。故国的一切，还是记忆中那般熟悉。春浴节的芍药依旧盛放，女儿家们唇上染着茜草汁，手执着花，等待着她们的情郎。她的眼角已生出了岁月的痕迹，但面容依旧美丽。那份美，不是初生的茜花，更像是深埋的美酒，揭开封泥后的那第一口沉醉。

宫中的小公女们看着曾经郑国的传奇美人，很是崇拜。她教她们用草木取汁，春日的桃花，夏日的山丹，秋日的黄菊，冬日的惠兰，皆是女子唇上的华彩。她也会教她们做一盒朱砂脂，就像她母亲所做的那样，是女儿出嫁的颜色。

8 年后的一个春日，屈巫来了，他放弃了楚国一切基业，在芍药花开的时节，迎娶了夏姬。为寻更为安定可靠的住地，他带她离开郑国，来到可与楚国一争的晋国。晋国得到了屈巫这样的人才，自是大喜。巫屈说服晋王长期扶持吴国，联手攻楚。至于楚国被灭，子反被杀，那又是后话了。

她跟着巫屈，算算又有十几年了。波折的命运到巫屈这里，终于变得平坦。巫屈对她几近爱护，她九死一生诞下女儿。如今孩子长大，她也快与他告别了。

"夫人，夫人"，侍婢担忧地唤着失神的夏姬，"屈巫大夫来了。"来了啊，夏姬微微一笑，突然间，她像是又有了气力，唇上的红色朱砂映得她面色红润，整个人又有了光彩。她安心靠在屈巫的身上，屈巫握着她的手，用手心的温暖焐热了她冰冷的指尖。她心中有个疑问，想问了很久。"为什么，会写那封信？"

屈巫顿了顿，温厚的声音在她耳边响起："当我还在年少的时候，曾随父亲行往郑国。那天，刚好是郑国的春浴节，我遇见一位姑娘，她跑到塘边，要采芍药，只是她个头太小，好不容易够到花，却不小心滑到塘里。我忙冲上前，拉了她一把。她的脚上满是泥泞，笑容却如芍药花一般美。她应该要送花给谁，将她拉上岸后，她急得拿着花跑了。"

"我如果是那被赠花之人，那该有多好。"屈巫红了眼眶，"我来不及问她的名，只是听到有人唤她——"

她的双唇微微颤抖，轻轻地和着那声呼唤："公子少。"

野有蔓草，零露漙兮。有美一人，清扬婉兮。邂逅相遇，适我愿兮。

野有蔓草，零露瀼瀼。有美一人，宛如清扬。邂逅相遇，与子偕臧。

一盒唇膏 未酿成的谋杀案

在巴黎最中心地段的圣米歇尔桥附近，有些神秘的宅子和神奇的铺子，能在这个古老城区占一席之地，本身就是拥有着非凡能力和财力的体现。佛罗伦萨的勒内的香料铺，就坐落在这里。

16世纪30年代之后，在巴黎乃至整个法国，有两个佛罗伦萨人声名鹊起，这两个人的名气是相生相依的：一位是嫁给了后来成为法国国王亨利二世的卡特琳娜·美第奇，另一位是她的意大利御用调香师勒纳托·比安科，后来被法国人赋予了一个法文名字——佛罗伦萨的勒内。

并非像平常故事里说的那样，所有带着阴谋气息的事情，都会发生在月黑风高之夜。眼下的这个晚上，塞纳河上的一轮明月，给整个城市洒下了温柔祥和的银光，它宽宏睿智的光，恰好停留在日光下街道污秽肮脏的边缘，使一切都显得整洁有序，甚至不乏诗意。

在月光和阴影交替的区域，一簇红色的光芒，吸引着人的视线，它像一只神秘莫测的眼睛，时刻警觉地观察着发生的一切，仿佛所有的人和事，都逃脱不了这暗红眸子的注视。这红色光芒并非为这个月圆之夜而生，它每个夜晚都在黑暗中熠熠生辉。

不时会有少数人被这暗红色的注视召唤，向着光芒走去，他们会发现，它其实是这栋结实的建筑二楼窗子里点亮的一盏红色的灯，它的光将人引近，注视建筑低矮宽大的正面，影影绰绰地可以看见"刷着蓝漆，描着富丽堂皇的金边。一楼、二楼之间有一条横楣，上面画着种种奇形怪状的妖魔鬼怪"（摘自亚历山大·大仲马《瓦鲁阿家族的玛格丽特》）。

许多人只有在看到这些妖物形象之后，才会如梦初醒，觉察出这充满诱惑灯光的危险性。久而久之，很少有人敢轻易靠近御用调香师勒内的铺子，似乎怕香料的特殊气味，能透过铺子的墙熏着他们。

勒内名声非凡，被誉为巴黎上流社会"最受爱戴也是最被畏惧"之人，他双手各持一把利刃：调香——香料使人充满神奇的魅力，制毒——毒药使人难逃丧命之灾。而这两把利刃，传说中，都随时准备着，为他的主人卡特琳娜·美第奇王后所用。

聪颖果敢、心机深沉的卡特琳娜尚待字闺中时，身边就围绕着一批欧洲最神奇的人物，他们其中有星象大师、医师、炼金术大师、巫师、修士、教廷要员、武士，以及一群背景错综复杂的宫廷贵妇，这些人如同枝条、叶片、花朵般，簇拥着头戴着光环的她。而调香师勒内，就是其中一朵光彩夺目的奇葩。有关这位传奇人物的身世，自然少不了许多传奇故事。

有人说，勒内是意大利热那亚富商之家的后代，家族拥有船队，从东方国家通过威尼斯港口，向欧洲最富有的王国输入珍稀香料。16世纪初，其家族移居佛罗伦萨，凭着雄厚的经济实力和深厚的人脉关系，很快就成了当权者美第奇家族的座上宾，勒内也自然进入了贵族圈。

也有人说，勒内出身贫寒，少年时在佛罗伦萨的一家香料铺子里当学徒，在那里从业10年之后，天赋加努力使他成为远近闻名的调香师。这期间，他结交了一些优秀的画家，其中包括米开朗琪罗。在米氏的引荐下，他得以进入路卡城、卡拉拉城的贵族圈，后进入佛罗伦萨上流社会。

还有人说，作为孤儿的勒内，与其他很多孩童一起，被佛罗伦萨一座修道院的修士收养，成了一位资深草药师的徒弟。他在修道院里学会了众多古老秘方，并娴熟地掌握了蒸馏技术和芳香油膏制作的繁复技术。师父过世之后，他的毕生积累，成了勒内从不示人的财富，并为他后来名声大噪奠定了基础。

对于这些传说故事，勒内从不肯定也从不否定，只是云淡风轻地微笑，从他神秘的微笑中，有人看见了距离，有人感到了危险，也有人悟出了什么是秘密的味道。就像在这个月明星稀之夜，被秘密的气息所威慑之人，会远离圣米歇尔桥边那座亮着暗红色灯光的建筑，而另一些人，则不以为然。他们中有两类人，一类是不在乎世间秘密之人，一类是制造秘密之人。

来到这栋楼里的人，是两名被豪情与爱情填满了身心的年轻人，他们根本就不知道，他们的脚刚踏上圣米歇尔桥之时，勒内已经从一根通往桥那头的长管子里听到了男性的脚步声。他们也丝毫没有留意房子里众多的暗门、隐约的过道，以及围绕着他们稀奇古怪的物什，"埃及的朱鹭，带着镀金箍子的木乃伊，从天花板上向下张着大嘴的鳄鱼，眼窝里没有眼珠。只有牙齿没有牙床的死人头，还有撕坏了的、被老鼠咬过的霉烂旧书……帘子后面有许多小瓶子和奇形怪状的盒子，还有样子丑陋的花瓶。只有两盏小银灯照着亮，灯里点的是加了香料的油，黄色的灯光投到昏暗的拱顶上，每盏灯都由从拱顶上垂下来的三根发了黑的链子吊着。"（摘自亚历山大·大仲马《瓦鲁阿家族的玛格丽特》）

两位年轻人的需求很简单：一位想让勒内检查他的伤，期待从他嘴里得到自己能够痊愈的确切保证；另一位，则期待从调香师对小蜡人施法的行为中，看到自己的爱情有回应的希望。调香师勒内，在这个月夜，满足感爆棚。两位年轻贵族裹着大氅离开铺子很久，他都无法抹去脸上的得意。因为在这短短的时间里，他同时充当了外科医生、心理医生和巫师的角色，一时忘乎所以，把自己的本行抛到窗外的河水中了。

当这个月明之夜的最后一位来宾进入屋内时，勒内这才从充满愉悦的满足感中惊醒，他把内心的阴沉藏到了谄媚的笑脸后面。他记起来了，除了他的老本行之外，他最擅长的还有解谜猜忌、完善阴谋。笼罩着层叠暗影的屋子里，只燃着一根祭祀专用的小蜡烛，可他，还想着方才看见的清明月光。他叹息不已，在一个皎洁的月夜搞阴谋，实在让人不寒而栗。

眼前的来宾，着一身玄色衣裳，她的出现，瞬间扩大了屋中的阴影部分。望着她苍白的面孔，勒内心中涌出不可抑制的复杂感情：爱戴、崇拜和畏惧以及其他。她，当今法国的皇太后，真正的掌权者，是他的依靠，是他的主人，他一生所有的高光时刻，大都和她有着密不可分的联系。可以说，她才是勒内这个"最受爱戴也是最被畏惧"之人的真正缔造者。

　　当年，14岁的卡特琳娜·美第奇在花团锦簇的侍女、贵妇们的簇拥下，率领厨师、服装设计师、调香师、发型师、诗人艺术家等组成的队伍，在法国马赛港隆重登陆，勒内也在其中。他永远忘不掉马赛人对这些散发出芳香的人们投来的目光，先是诧异，随后是赞美和深深的羡慕。随卡特琳娜·美第奇来法国的贵妇们，在项链上或腰带上，都挂着金质或银质的镂空小球，她们不时用优雅的姿态将小球拿起凑近鼻子，轻轻地嗅上一会儿，以此来抵制环境的恶臭和围观人群散发出的令人作呕的体味。

　　这些精美绝伦的玲珑香球，是勒内的创意，他在金银匠人制作的镂空圆球中放置香膏，佩在身上后，香气会随着体温释放，随着动作飘散，香味和人完美融合，装饰功能和熏香功能融为一体，巧夺天工。没过多久，玲珑香球就成了法国宫廷内外最受青睐的装饰品。勒内，就是从那时起，在巴黎被誉为最有天赋、最有创意的调香师。

　　勒内的香料铺子开张之后，巴黎最有格调的贵族男女，无论年龄老少，争先恐后地成了他的固定客户。他们不但在这里定制购买香水香膏，还把自用的内衣和床上用品拿到店里浆洗熏香。这时，传说中勒内手中的另一把利刃——制毒，就开始动作了。

巴黎上流社会中，有一帮伶牙俐齿且极有心机的人，他们最擅长用的手段是就一件事情放出细微但内涵非常神秘的线索，这类"传说"，如同一层隐约的雾气。等待的是那些好事之徒，将这淡薄的雾气演化为遮天蔽日的浓雾，弥久不散。

　　传说勒内在给某些人的衣物熏香之前，会将其长时间地浸泡在毒药汁液中，耐心等待每根纤维充分吸足了有害分子，捞出后在背阴处晾干，再使用芬芳扑鼻的香料精油处理，这样，植物花香会完美地遮盖掉毒汁的气息。衣物上身后，人体体温会很快激活毒素，从而腐蚀皮肤，形成溃烂。当受害者找到病因时，毒素早已渗入血液中，在循环体系里自由流动，导致人体器官功能衰竭。中毒者轻则大病久治难愈，重则死亡。

　　当时有几宗神秘要人的死亡悬案，勒内和他的主人卡特琳娜·美第奇，都被牵扯其中。其中最著名的"手套案"，在很长一段时间内，都让巴黎人谈虎色变。当时法国政局错综复杂，热衷于垂帘听政的卡特琳娜·美第奇为了平衡各方势力，通过提议让她的女儿玛格丽特与纳瓦拉的王位继承人亨利联姻，试图将以天主教为国教的法国君主制的利益，与依托于强大的胡格诺派的波旁王朝的利益结合起来。

　　可是，纳瓦拉的亨利的母亲让娜·阿尔布雷，在儿子订婚后立马神秘去世，胡格诺派将她的死亡归咎于卡特琳娜·美第奇，指控她授意御用调香师勒内，将一副在毒药里浸泡多时、后经过熏香处理的手套，送给了纳瓦拉王后——她的亲家母，致其死亡。这就是"手套案"的来龙去脉。

卡特琳娜·美第奇之所以选月圆之夜来勒内香料铺，是要用两只黑母鸡的内脏和脑髓占卜，由此来判断自己的家族是否能在国王的宝座上继续稳坐。两只黑母鸡很快在蓝色的刀刃下丧命。不一会儿，卡特琳娜·美第奇停止了在鸡们肚子里和脑壳里翻动的动作，沮丧而又伤感，因为她找到的征兆与她的愿望恰恰相反。

　　勒内看着面前的卡特琳娜·美第奇，她血淋淋的双手微微颤动，嘴里低声嘟囔着他听不清的什么话，像是一连串的咒语。突然间，他感慨万千。他认识她时，她还是个骄傲的少女，身段苗条健壮，皮肤细腻光洁，而野心和聪慧，是她眼中永不熄灭的火花。而眼前这位50出头的妇人，皮肤松弛，昔日稍显凸出但神采奕奕的眼睛浑浊了，眼皮向下垂挂，形成了略微的三角眼。最让他吃惊的是，她眼中的火花已经被威严和精明的阴冷湮没。苍白的面孔，被黑衣衬得惊心动魄。

　　从1559年亨利二世去世，卡特琳娜·美第奇再也没有穿过其他颜色的衣服，她至死一袭黑衣。唯一拯救她面容的是她嘴上的唇膏，这是一款色度较低的洋红色唇膏，它温润、柔和，像是有几粒遥远的星辰微粒落到了她的唇上，明明灭灭的，不时闪着微光，在祭祀用的小蜡烛抖动的光下，她偶尔露出一丝女人无助时的温柔，这种短暂的无助神情，就足够让勒内心疼万分了。

　　卡特琳娜·美第奇刚失去丈夫时，一身丧服给40岁的她带来的特殊风韵，是御用调香师勒内意想不到的，她周身散发出一种略带凌厉又楚楚可怜的气息。但随着年龄的增长，她发黄的暗沉面色被黑衣衬得更加死气沉沉。为此她不止一次地迁怒于勒内，嫌弃他为她定制的那些脂粉都是垃圾。

勒内默默忍受这些谴责，但他决定为任性的女神再创奇迹，他要用最和谐同时也是最妩媚的方式，重新点亮卡特琳娜·美第奇的美丽。勒内要调出一款奇特的唇膏。

　　人类化妆史上最早的一支唇膏，也是被拿在一位美艳的女王手中的，她是两河流域的美索不达米亚备受瞩目的女王。在乌尔城的王宫里，她对镜装扮，精美的饰品是艺术家和匠人们的作品。她的面容白皙，秀发柔披，峨眉修长，线条妩媚，一抹红唇让她永恒的美留在了一幅公元前14至前13世纪的壁画中。据说，女王的红唇，引领了时尚，她的臣民纷纷效仿，这种时尚居然影响到了美索不达米亚临近地区的文明，米诺斯人也用从某些水母腺体中提炼出来的物质，在唇上抹足深深的略带紫色调的殷红。

　　那支古老的唇膏，它的成分已经永远成为神秘世界的组成部分，勒内翻遍所有他能想到的古籍旧书，也无法找到其蛛丝马迹。

　　他想到了古埃及人、古希腊人和古罗马人。在存放木乃伊的棺椁里，古埃及人用贝壳、小陶罐盛放化妆品，其中少不了唇彩，而这些唇彩的主要原料，是从圣甲虫中提炼出来的。斑斓的圣甲虫，被古埃及人奉为永生的象征。

　　有很长一段时期，古希腊涂着唇彩的艳丽女人们，都是干着上不了台面营生的人，口红成了出卖肉体的女人的标配。她们中要是有人胆敢不抹口红在公共场合出现，会被严厉处罚，罪名是企图伪装成被尊重的女性，以此来警示那些寻找严肃情感的男人们有误入歧途的危险。人类历史上第一个关于口红的法令，就是那个时期出台的。

起初，古希腊人用的唇彩原料令人作呕，也许是要被那些"不受人尊重的女人们"使用的缘故吧。红葡萄酒发酵后的酸酒渣，与绵羊脂，或唾液，甚至鳄鱼粪便混合，形成可涂抹的膏状红色物质，在妓女的唇上，发出的是粗糙而艳俗的诱惑之光。

可是，苍白的法令条款终究在大红色唇彩的魅力前败下阵来。古希腊文明走到一半的时候，唇膏在社会上层悄然找到了流行渠道，贵妇们不露声色地在唇上抹上那极具诱惑力的殷红，像是在一刹那间发生的事，唇膏变成贵族精英阶层的新宠，而且，它的主要成分有了根本性的改变，红色的浆果汁液如桑葚汁，还有海藻、紫草根以及朱砂，成了唇彩的主要制作原料。古罗马曾有过一款不平凡的大红唇膏名叫FUCUS，风靡一时。拥有它，是一种社会地位的标识。火一样的鲜红唇彩，是从海藻中提炼出来的一种殷红植物汁液，再加水银和红葡萄酒糟做成的。

勒内是位极端崇尚古罗马文明的人，他找到了几个古老的唇彩方子，想方设法找来原材料，不厌其烦地反复试验，但最终没有复制成功。因为这些唇彩的质感，尤其是在唇上停留的时长，完全达不到他的要求。

最终，他抛弃了想按照古方复制的想法，回到了他那个时代的现实工艺中，在借鉴许多修道院医药秘籍的同时，也吸纳了当下的唇彩工艺。他为卡特琳娜·美第奇制作的唇膏，用的自然是最高级的原料，其中最主要的是晒干磨成细粉的胭脂虫。胭脂虫也叫介壳虫，是长在仙人掌上的一种寄生虫。胭脂虫体内含胭脂红酸，虫背有白色蜡粉和丝线状覆盖物，群居且繁殖性强。提炼胭脂红酸的过程烦琐艰难，先要采集、清洁胭脂虫，晒干后研磨成细粉，用 60℃—70℃的热水浸泡，并不断搅拌。经过一天时间，大部分色素可被提取出来，再经第二次浸泡提纯，则可达到近 100% 的色素提取率。胭脂虫色素的质量是唇彩颜色的关键，而阿拉比卡树胶、蛋清、浓稠雪白的无花果汁液和蜂蜡、鹿脂，都是用来突出红色鲜艳度、保证其在唇上停留时长必不可少的配料。

勒内做出了几款成功的唇彩，可他却不满意。他认为鲜艳的大红色与卡特琳娜·美第奇的身份，尤其是她永远不变更的黑衣不协调，显得太强烈和突兀。她的唇彩拥有的应该是不张扬但同样引人注目的颜色，它赋予她的，应该不再是那种激情四溢的美，而是暗流涌动、亘古不变的美。勒内取来红珊瑚和贝母，细研成粉，取少量加入原材料中，作为胭脂虫红的淡化剂和发光分子，给他的主人做出了一款暗调的洋红色唇膏。色彩乍看上去并不显眼，但里面极少量的贝母粉，会像暗夜里的宝石，不时折射出低调而美丽的光彩。

卡特琳娜·美第奇的漆黑丧服，配上闪着珍珠光泽的暗调洋红色唇膏，堪称一绝。她的面庞比过去显得年轻而柔和，尤其是在她对国王儿子提出各种请求时，她的强势时常被这种温润典雅的唇膏淡化。

可眼前，在她的御用调香师勒内面前，她却全线崩溃了。她面色惨白，双手沾着黑母鸡的鲜血，嘴唇由于恐惧和焦虑变成了一条窄线，不停地哆嗦。因为她在去掉鸡冠，打开头盖骨，从鸡脑子分界的血腔里找出了一个字母 H，她坚信，这是她女婿纳瓦拉王亨利的首写字母。"他要坐天下！他要坐天下！我的后代完了！"她绝望地喊了几次，随后陷入沉思。

卡特琳娜·美第奇当时竭力促成的那个婚约，很快就成了她背上的芒刺。当法国宗教战争陷入困境时，为了挽回天主教派面对新教胡格诺教派的劣势，卡特琳娜·美第奇决定将自己的小女儿玛格丽特许配给纳瓦拉王位继承人亨利·德·波旁——一名新教徒。在她看来，这桩婚姻既能将法国两大王室联合起来，又能缓和新教和天主教之间的矛盾。

婚礼在玛格丽特公主完全不情愿的情形下，勉强完成。可在这象征两个宗教派别和平共处的盛大婚礼之后的没几天，新教徒领袖遭遇暗杀，法国重新陷入巨大的动荡中，巴黎以及其他城市的大屠杀连续不断。大屠杀迫使新教徒领袖人物亨利·德·波旁为了自保而放弃新教改信天主教，也以此带动了一大波新教徒皈依天主教。

有着清醒政治头脑的卡特琳娜·美第奇，早就洞察到了女婿亨利的口是心非，她一直竭力在其中周旋、平衡，为了尽量平息政局，也为了女儿玛格丽特的安稳。可这个月明之夜，在巫术仪式中，通过黑母鸡内脏和脑髓，她不但看到了她的后代会相继死去，更重要的是她看到了纳瓦拉的亨利将成为未来法国的王！这是她不能容忍的。

突然，她环视调香师屋子里的瓶瓶罐罐，仿佛黑暗中出现了一道闪电，瞬间驱走了她的抑郁和焦躁。她暗自欢喜自己想出的完美的解决方法，意味深长地望着自己的调香师，心情豁然开朗。

随后，两人的谈话变得异常轻松，她问起女婿亨利的情人、美艳无比的夏绿蒂的唇膏和护手霜是哪一种，勒内给她看了护手用的万寿菊油膏，又说现在刚为夏绿蒂研制出了新的唇膏，能让双唇更加红艳滋润。唇彩装在精致的小银盒中，等着有机会给她送去。说着闲话，太后从只有她能进出的隐蔽小门离开了。勒内回屋时，眼睛瞥过那整齐放置着6个小银盒的架子，银盒只剩下5个了。

次日晚，勒内赶去卢浮宫夏绿蒂的屋子里，恰巧碰上在那里流连忘返的亨利。闲得无聊的年轻人，突然对美人梳妆台上的迷人小物件起了兴趣。勒内进门时，美丽的夏绿蒂正在跟情人解释，她手上那精致的小银盒装的是什么，她用纤细的手指拿开有浮雕的盒盖，小心翼翼地用指甲挑出一点红艳艳的细腻膏体，正要演示往唇上抹。

勒内上前一步拦住了她，拿下了她手中的银盒，这不正是他前一天晚上遗失的那个吗？勒内不动声色，给她递上香喷喷的绿色香皂，伺候她在银脸盆中洗手后，将唇膏盒收入怀中，解释说还需进一步优化，才能配得上她美好的双唇。

他想起了前一天夜里太后意味深长的微笑。"勒内，你还记得佩鲁贾一个医生的一件骇人听闻的事吗？他用一种油膏同时杀死了他的女儿和她的情人。""记得，太后。"

至于勒内为何阻止太后卡特琳娜·美第奇，通过她自行加毒的唇膏，通过美人夏绿蒂，来毒害纳瓦拉的亨利——最终成为法国国王亨利四世，那又是另外一个故事了。

镜外观

据说，世界上有个"口红指数"：经济形势越不好，口红销量越好。"9·11"恐怖袭击后的经济衰退期内，美国口红销量翻了一番。原因无他，口红作为一种"廉价的非必要之物"，可以对普通消费者起到一种"安慰"作用。

只是，这"烈焰红唇"还别有深意：古希腊，口红被视为不洁之物；中世纪，口红又被当作　神象征；在美国，涂着口红上街曾是女性争取政治权力的象征。

因此，我们才会在《一盒唇膏未酿成的谋杀案》中读出西方口红的"唇亡齿寒"意味。故事的主人公勒内，被誉为巴黎上流社会"最受爱戴也是最被畏惧"之人，他左手可调香——香料使人充满神奇的　力，右手能制毒——毒药使人难逃丧命之灾。他随时准备着为主人卡特琳娜·美第奇王后所用，却不想自己成了另外一桩谋杀里的道具。

同时，我们也在《朱唇一点惹人痴》中读到东方口红的"以吻封缄"故事。夏姬揭开脂盒，用手指在膏面轻轻划圈，被指尖温热融化了的膏脂，点在眼角，然后斜划出长长的一道殷红。指尖残留的膏脂则点在唇中，轻压出桃花瓣的形状。春日的桃花，夏日的山丹，秋日的黄菊，冬日的惠兰，皆是女子唇上的华彩，却被有心人封存于一封书信。

口红，自然与吻相关。需要警醒的是，当KISS失去了曲折缠绵的爱情，也就变成了直接生硬的KILL，吻就变成了　，口红化作了血红，而LOVE也会直接OVER。

张海龙

香粉

Loose powder

秦捕头最近很是头疼，衙门里的一件案子让他愁眉苦脸好几天了。城中王员外家的小公子出了意外，家人赶到时，王小公子蜷缩在地，脸色乌青，呼吸微弱，家人忙叫来了医师，诊断说是中了毒，性命危在旦夕。

王家在城中算是大户，小公子平白无故中了毒，王员外立即报官，王夫人也专程跑到表兄秦捕头那，声泪俱下，求他一定要找到幕后黑手。

老秦仔细问道："王老爷生意上可有仇家？""官人对外向来和气，未曾听说与人结仇。""王小公子呢？""他性格温和，没有发生过争端，家中对他也是宠爱宽松，绝无可能寻短见。"

既未结仇，也无恩怨，老秦带着衙役小五来到王员外家，希望能找到更多的线索。

小五鼻子灵敏，一进王小公子的房间，便闻到一股淡淡的异香。"老秦，你闻闻！"小五使劲地吸溜鼻子。那味道不同于书案上燃着的草木之气，隐隐有些香甜之味，更像是女子所用。小五在屋内走来走去，口中喃喃不停，"哪里来的气味呢……奇怪，不在这里……也不在这里……"一番搜索之后，两人终于在王小公子的头枕内层，发现了味道的来源——数十个小小的纸包。

秦捕头打开纸包，里边是一些白色的粉末，他嗅了嗅："这似是女子用的香粉？"小五奇道："香粉？王小公子为何会有这么多的香粉？"

他们叫来贴身书童一问，书童苦着张脸："我也不知，公子近几个月来几乎天天申时左右出去，只说是办事，不许我跟着。"秦捕头和小五相对一视，或许这些香粉正是解开问题的关键。

要查香粉从何而来，是秦捕头面临的一大难题，愁的也正是这事。扬州城素以出产胭脂香粉闻名，城中大大小小的香粉店，少说有数百家。王家所在的埂子街，更是香粉最集中之地。所谓"美人一身香，穷汉半月粮"，香粉、香黛、香油、香膏、香件，件件都是女子的心头好，这些软香，如同江南的春色一般，吸引南来北往的客商在此集结，他们排着长队，只等进到扬州的香品销往各地。

拿着那一小包粉挨家挨户问，无疑是大海捞针。且不论那包香粉的纸样，是家家店铺最为平常的包装之物，看着那些粉末，秦捕头也看不出个门道来，无非这家色白些，那家色黄些，这个香味重，那个香味浅，店家一句"不是我家的"，便将秦捕头打发了。接连几天毫无进展，秦捕头不禁有些泄气，小五这边却有好消息捎来，说找到了一位香粉行家。

秦捕头跟去一看，原来是城西歌舞坊的三娘。对三娘，秦捕头素有耳闻，在歌舞坊算是一个传奇人物。没人知道三娘多大岁数，只说刚来时是这个模样，数十年过去了，竟还是一样，容貌未曾有变。歌舞坊说，三娘原本擅舞，年轻时被同行伤了脸，当时一条血痕从额头中央向右侧太阳穴斜划而去，伤口触目惊心，大家都以为三娘破了相，深觉可惜。但伤愈之后，不知三娘从哪寻来了药物调制，脸上伤疤竟好了个八九分，只有凑近细看，才能看到浅浅的一线。三娘在额上细线旁描了桃花，如花枝探头，更添容色。

后来三娘就转入幕后，专为坊中姑娘调制香粉。还别说，三娘调制的香粉味道馥郁，抹在脸上颇见功效，特别是三娘的"桃花粉"，能去风刺、滑肌肉、消瘢黯，最重要的一点，是遇水不化，这很受歌舞坊姑娘们的欢迎。毕竟一曲下来，大家通常大汗淋漓，被汗水弄花了妆是常有的事，三娘的粉不仅可以牢固贴在脸上，甚至在汗水干后更显白嫩，哪位姑娘家不爱。连坊外的夫人小姐们都托人前来购买，有时买香粉的人竟比听曲儿的人多，歌舞坊甚至考虑在坊中辟出一块专卖香粉的地儿，多一块营收金字招牌。

秦捕头和小五走进歌舞坊杂院时，三娘正摆弄着手里的瓶瓶罐罐。与秦捕头想象中香气弥漫的香粉店不同，这里竟有些郁郁的酸臭味。

老秦被这味道一呛，忍不住打了好几个喷嚏。"哟！我说谁呢！小五，带着秦捕头来了啊。"三娘听见声音，抬起头来。老秦一看，果然与传闻一样，单从相貌上看，三娘约 30 岁有余，有着鹅蛋般的脸型，肤色白皙光洁，脸颊两侧透着微红，虽不属第一眼美人，但整体大方明媚，令人心生好感。唯一透露出一点年岁痕迹的是三娘的眼睛，眼窝略微下陷，显得有些幽深和疲惫。

"什么味呀三娘，人家香粉店是一个赛一个的香，你家的怎有股酸味？"小五捏着鼻子问。"就说你们男人家的，只瞧前院光鲜，不看后院辛劳"，三娘打趣道，"哪家香喷喷的粉不是用米作底的，喏，我正泡着呢。"三娘指着院中摆着几个大瓮，酸气正是从中飘出。

"为什么扬州的粉好，当然是料好。咱用的米都是上等好米，不可混入其他。除去杂质、碎米后研细，置入木槽，加水，淘洗个十遍左右至水清，将淘净的粉米盛入大瓮，灌足水浸泡。春秋季啊，泡个足月，夏季只需 20 日，这到了冬季，得泡 60 日，中间不换水，等时间久了发臭更好，这样研磨出来的粉质才会滑腻。"

老秦和小五连连点头。"这便好了？"三娘白了一眼，"只是泡好了，后边才是正式的活。"不听不知道，老秦这才知道，小小的一盒香粉竟要耗费如此多的工序。

先是接汁。米泡好后，要换上新水搅拌淘洗，去尽酸气取出研磨。磨细的粉要边浇水边搅拌，接取白色汁液，再装入绢袋过滤，将滤出的汁水放到别的瓮内沉积，然后继续精研细磨，浇水接汁，重复前一道工序。

然后淀澄。把汁液盛在瓮内，用"把子"将其拂拍遍透，使其淀澄。等去掉粉层上的清水，就要把粉汁倒在大盆中，用木杖顺着同一方向搅转 300 圈以上，盖上瓮盖，继续澄积。

最后取粉。待澄积清净，以杓轻缓地舀去上面的清液，用三层布贴在粉层上，布上撒布谷糠，糠上置灰。这样的程序需反复多次，灰湿就换上干灰，直至灰不再湿为止。而后，除去布层，削去粗白无光润的表层粉，余下"圆如钵形、酷似鸭子"、白而光润的部分就是"粉英"了。在晴好无风的天气，将粉英摊于床箔，用刀薄削并曝晒干透，再用手反复揉搓以达滑润，收干备用，这香粉的底料至此才算完成。

老秦听得头胀欲睡，见三娘还想说下去，忙掏出王小公子枕下的"物证"递了过去："三娘不妨看看，这是什么样的粉？"三娘接过粉包，用手捏了捏粉质，细细嗅了一番，又用手指蘸水搅了搅，笃定地回道："这并不是扬州产的粉。"

老秦一下来了精神："怎么说？"

"扬州做粉，粉无外两种，粱米第一，粟米第二，质细柔滑。这粉摸上去糙得很，我们这里的香粉店肯定不会用，砸招牌。而且，香味亦不是扬州常用的花，店家常用茉莉花、落葵、玉簪花用以调香，以甜香为主，这香味有些寒，似北方花。"

三娘拨弄着水糊的香粉，又在手臂上涂抹了一番："看，这粉色过白，虽可着附肌肤，不易脱落，但有结块，应是加入的铅粉比例过大。"

"何为铅粉？"老秦好奇道。"做香粉的都知道，不着胡粉，不着人面，这胡粉指的就是铅粉，是将铅醋化为粉后调和豆粉和蛤粉制成。我们磨好的米粉中，都会渗入些铅粉，使粉末保持松散，又防止黏结，最大的好处就是不易脱妆。"三娘继续解释道。"但铅粉毕竟有毒，不可多放，若是铅粉过多，长时间用在面上，面色可变乌黑，人也会因中毒而呕吐、昏迷。"

"这粉含铅过多……"秦捕头思索一番后恍然大悟，"也就是说，王小公子有可能是将这粉置在枕下，因吸入过多而中毒！"小五也激动地附和道："粉也非扬州所产，书童亦说是近来之事，那只要查查是否有新开的非本地的香粉店，便可知道这粉从而来了！"

有了这个方向，老秦和小五又燃起了信心。他们将目标锁定在了三家店，可当三娘将粉样一一看过后，表示王小公子枕下的粉不是出自这三家，案子又陷入死胡同。

一日，秦捕头在埂子街晃着，试图再找些线索。路过一家店时，听见店门口卸货的伙计跟身旁人唠叨着："怎么，黎姐儿是走了吗，好几日都不见她出摊了。"

"也有可能，前段时间见到，她说扬州这地生意不好做，香粉竞争太厉害，许是到其他地方去寻寻机会了。"

"哎，我还想再见见她呢……"

秦捕头听着听着耳朵一竖，装作好奇与伙计聊了起来。从伙计口中老秦得知，黎姐儿是登州人士，人小巧俏丽，几月前来到堭子街，经营着香粉的小买卖。她推着小车，常在街角停驻，因人长得好看，妆也施得好，生意亦算不错。"她经常下午出摊，直待到晚上，摆了好几个月了。月初还见着呢，后来就不在了。"伙计说。

这可真是"千淘万漉虽辛苦，吹尽狂沙始到金"啊，老秦赶紧叫上小五，寻黎姐儿去了。功夫不负有心人，几番打听之下，两人终于在城南近郊找到了黎姐儿。她满脸憔悴，神色凄凄，见老秦找上门来，强打着精神，讲述了她和王家小公子的故事。

她刚来扬州时人生地不熟，一次，受霸道的摊贩欺负抢位，王小公子正好路过，替她解了围，两人由此初识。黎姐儿谢他相助之恩，赠了他几盒香粉，隔日，王小公子来，说是有人说他拿来的香粉好用，托他再买些。此后，王小公子几乎天天都会过来挑些，有时会聊几句，黎姐儿忙时，他便静静站在人后，等人散了再上前挑选。一来一往，黎姐儿不禁羡慕起王小公子香粉所送之人。

终有一次，她鼓起勇气问王小公子买这么多香粉是送内子还是哪家小姐，"能得公子如此心念眷顾，想必她……也与公子一样，是个温柔芳端的妙人。"王小公子愣了下，随即红了脸，吞吞吐吐地回道："其实，我每次过来，只是，只是想见见你！"

日暮西下，温暖的余晖洒在互露心痕的二人身上，他们约定，月升时分城头相见。为了赴约，黎姐儿特意涂上胭脂菜汁调制的紫粉，让自己略黄的肤色显得白皙而富有光泽，又特意加入了月季花露，闻上去香气怡人。

　　"我俩正说着话，王公子突然捂着胸，说喘不上气了，没多会儿就倒在地，我一摸鼻息，竟是没气了！我害怕极了，秦捕头，我是想报官的，但又怕说不清楚，反倒惹祸上身，想去找王公子家人，却也不知道他家在哪里，惊慌之下便逃走了……"黎姐儿哭哭啼啼地说道。

　　此案到此终是解了。原来，王小公子患有喘症，两人见面，黎姐儿涂了调有月季花粉的香粉，不知是香气还是花料，导致王小公子风疹，从而引发了喘症，加上长期嗅闻铅粉，体内积有铅毒，一下子症状猛烈，闭了气。

　　经过对症下药，王小公子很快苏醒了，黎姐儿前往探望，王家见两人郎才女貌，也是有意撮合。后续怎样，可是秦捕头管不了的事啰！他想，此事多亏了三娘，得找个时间好好道个谢。

　　老秦再次来到鼓舞坊杂院那天，日光晴好，三娘正在院子里揉搓晒制好的粉英。粉末飞扬，在日色下闪着微光，细碎的亮光落在三娘发上，落在三娘额头上画的那枝桃花上，花朵夭夭，灼灼如初放。

蔷薇的香粉及其他故事

布拉格的汉斯——年轻而虔诚的天主教徒，在欧洲新教和天主教冲突趋于平缓的形势下，选了一个早春的清晨，背着行囊，义无反顾地踏上了去罗马的朝圣之路。

春去秋来，汉斯的朝圣伙伴一同回家，带来了他的消息。在梵蒂冈附近的小客栈分开后，汉斯说他将去罗马北部的中世纪城市阿西西——圣方济各的诞生地，缅怀这位圣徒的非凡品质。

其实，汉斯没有说的是，他去那里的真正目的是为了不朽的画家乔托。去瞻仰乔托在阿西西大教堂留下的壁画《圣方济各生平》，这才是汉斯此行的真实目的。

汉斯是位画匠，他的主要工作，是维护修缮布拉格城内外众多教堂里的壁画。

寒冬到了，汉斯裹着雪花回到了布拉格，像是事前算好了一样，他精准地赶上了圣诞节。欧洲有句老话来描述朝圣者，"脚在地狱，心在天堂"，人们感叹归来者憔悴的面容、消瘦的身体和褴褛的衣衫，但朝圣者肚子里五花八门的故事，还有朝圣者肩上鼓鼓囊囊的行囊，才是人们最关注的。

汉斯的肮脏行囊，像个神秘的百宝囊。

父亲得到了一枚浅浮雕徽章，上面刻着的是圣彼得的全身雕像，这位长髯老者手中，攥着两把巨型钥匙，金色的是开启天堂大门的钥匙，银色的是开启人间的钥匙。父亲掩饰不住心中的喜悦，上前紧紧地拥抱了儿子，圣彼得的形象，不正是自己家长地位的印证吗？

母亲得到的东西有好几件，来自阿西西深山修道院的绣花餐布，绣满了雅致的小风铃花；一盏古罗马风格的陶制小油灯，古拙但不失秀气；最让她欢喜的是一块从耶稣裹尸布上碎落的亚麻布片，指甲盖般大小，米黄纯色的布片，被珍藏在椭圆形的水晶吊坠里，连着吊坠的是条结实的银项链。母亲撇下刚拿在手里的餐布和油灯，把珍贵的圣物捧到嘴边，轻轻亲吻着，泪水打湿了她的脸庞。

汉斯的两个姐姐，得到的是丰富她们嫁妆的物件，有织着大马士革图案的小台毯，还有呈现梵蒂冈风光的马赛克挂画，镶着银色雕花画框，虽小但工艺细腻、色彩和谐，是难得一见的精致工艺品。

当汉斯从背囊中变戏法似的取出礼物时，他最小的妹妹蔷薇目不转睛地看着，脸蛋因激动变得红红的。她知道，自己的那份一定会在最后被变出来；她相信，那一定是所有礼物中最珍贵、最美丽的！

　　在凳子上跪酸了膝盖的蔷薇，终于得到了自己的礼物。她屏住呼吸，小心翼翼地解开了扎在条纹布包上的金黄细绳，从中取出了一面小小的镜子，镜面的玻璃部分很小，却明亮耀目。呵护着这颗脆弱玻璃心的，是一圈细细的红玛瑙，玛瑙片规则的连接处，镶着银丝，像是镜子中心向四周发射出的道道光芒。

　　蔷薇惊呼起来，捧着镜子的手也不由得微微颤抖，她觉得这物件，根本不应该是凡间的东西。

　　布包里还有一样东西，静静地，等候着蔷薇的抚摸。这是个椭圆形的小巧扁平盒子，盖子上的珐琅彩发出的柔和光泽，低调而迷幻。她轻轻地拿起了它，揭开了盖子。玫瑰花的甜香顿时扰乱了她的心神，她用手指小心地蘸了一点盒子里的粉末，细细观察，它的颜色，很难用准确语言来描述：温暖的象牙白中，透出干玫瑰花瓣的隐约粉色，但又有些极淡的紫调影子。

　　蔷薇用指尖轻轻地捻着这神奇的粉末，饱满而轻盈的腻滑感，伴着花香，化作一阵阵快乐的浪潮，向她涌来。"这是香粉！这是香粉！"她的脸庞更红了，幸福地大喊道。

　　蔷薇怎么也想不到，向来对自己非常严厉的大哥，会从远方给她带回来补妆镜，还有满满一盒玫瑰香粉！蔷薇也没有想到，这香粉是大哥给她的特殊礼物。她来年春天就满 15 岁，要做坚信礼了。按照天主教的教规，做了坚信礼之后的人，身心都算得上成熟了，成熟的女孩，有权利开始使用化妆品了。

给蔷薇的礼物，是汉斯在阿西西城精挑细选来的。大教堂前的广场上，礼拜天的集市熙熙攘攘，从农产品到手工艺品，琳琅满目。汉斯在这集市上，见识了一个布拉格没有的特殊小贩——镜子货郎。

镜子货郎，顾名思义，与镜子的买卖有关，但也不全是买卖，他也出租镜子。那个时间段布拉格流行的镜子，大都是德国人发明制作的凸面镜。镜子尺寸较大，镜中映像效果时常失真不说，还特别昂贵。

威尼斯人在 13 世纪就发明的平面镜，对汉斯来说只是一个传说而已，他从未亲眼见过。这是自然的，威尼斯平面镜是欧洲各国王族的奢侈品，他一个普通的壁画修补匠，又有什么机会能见识到？！

镜子货郎摊上摆着几面台镜，有镀金镜框的，有木头雕花镜框的，但在汉斯看来，这些台镜只是招徕顾客的摆设，因为他站在那儿好久，没见一个人对这些感兴趣，顾客关注的只是小型镜面，还有摊头上胭脂、水粉、香膏、面霜之类的美容品。

不时有人停步，触碰甚至抚摸这些珍贵之物，看着在妇人们手中闪烁着光芒的镜面，逐渐在她们的手指印痕下黯淡，汉斯心中突然升起了强烈的购买冲动。

大小镜面的交叉光影，让汉斯从未如此真切地认识到自己脸上所有的细微之处，此时，他终于知道了自己的确切长相！但最终，他的余钱只能买下一个微型补妆镜。小心翼翼地将镜子包好藏在怀里后，他终于搞清楚摊上那几面大台镜的用处。

　　收摊之后，镜子货郎会将它们分别送去租户家，捎带着全部化妆用品，来借机兜售他的新品。除此之外，货郎还常常充当化妆师的角色，在自己的镜子面前，用自己的化妆品给顾客化妆美容，包括涂脂抹粉、染发、漂白牙齿和掩饰痘印等。

　　这一切透露出的专业信息，让汉斯折服，他觉得，镜子货郎卖的化妆品，也应该是靠谱的产品。他左挑右选，看上了那盒香粉。汉斯是被那个香粉盒吸引住的，他认识低调而精致的珐琅拼花，那是北非摩洛哥古老的手工艺，相比之下，那些银质的或镀金的盒子，都显得过于奢华甚至粗俗，不适合被清纯小妹蔷薇拿在手中。再者，与那些白涩涩的铅粉不同，他挑中的这种粉，轻盈透明，按照货郎的说法，这是按照古罗马秘方配制而成的，颜色粉红中带着紫色调，是因为掺了玫瑰花瓣和薰衣草花瓣，最适合装饰青春少女的面颊。

　　汉斯记得那些来教堂做礼拜的贵夫人们，她们的脸像是戴了惨白的面具，没有皮肤应有的光泽，更没有天然美丽的红晕。他知道，所有这些都是白铅脂粉的效果。他还知道，长期使用白铅粉对皮肤和人体脏器会造成的损害。

　　汉斯信了货郎的话，买下了这盒贵得离奇的香粉。他想着小妹蔷薇有朝一日娇羞作态地说："对不起，我要去给鼻子上补点粉。" 这句在贵妇人社交圈里常用的话，从蔷薇嘴中说出，不知道会是个什么滑稽味道。他想着，心中生出一股暖意。

他想家了。

自从得了礼物，蔷薇仿佛一下子长大了，她躲在自己房中，无数次照着大哥送的镜子，镜面如此清澈透亮，照得鼻子边上的雀斑清晰可见，她第一次知道了它们的数量，21颗！于是，蔷薇盼望着坚信礼盛典的到来，这样，她就可以使用大哥送的珍贵香粉，让这21颗雀斑消失得无影无踪。

这一天终于到来了。身穿雪白纱裙、头戴铃兰花冠的蔷薇，手持一枝圣洁的百合花，站在少男少女的队伍中，风吹动她的衣裙，她不时伸手按住想要飞舞的裙裾，脸上的微笑是腼腆同时也是骄傲的。

蔷薇面颊上微微出汗，她嗅到了玫瑰和薰衣草的香味，随着自己的热量蒸腾出来，香味在脸和头上盘旋，唇上的红色香膏也仿佛在慢慢融化，甜甜的味道，让她心醉。

她的衣饰和妆容是两位姐姐帮忙收拾的。穿好了坚信礼的洁白衣裙后，大姐在她脸上敷了香粉，很淡很淡的一层，几乎看不出来，因为神父不会喜欢，但也足以使她感到这无异于浓妆艳抹。细细地在那面镶着红玛瑙镜框的小镜子中端详了半天，蔷薇提出在鼻子附近补一点粉，因为那21颗雀斑中的大部分，都仍然清晰可见。

于是，姐姐用借来的秃鹦细柔绒毛粉扑，小心地蘸了香粉，在她的鼻子周围扑了一遍。飞舞在光线中的散粉在屋子里弥漫开来，像一群细小的白色昆虫跳着神秘的舞蹈。蔷薇鼻子痒极了，她张大嘴，半天才用力地打了几个喷嚏，伸出舌头来舔了舔嘴唇，略带清苦的香粉被她吃到嘴里，舌尖上留下了淡淡的薰衣草香。

其实，在坚信礼的前一天，她就已经用手指蘸了少量香粉，按在雀斑上，她想知道，究竟要用多少量，才能够完全掩盖住那些淡褐色的小斑点。

蔷薇和伙伴们终于站到了教堂的圣坛前，这之前，她已经观摩过几次别人的坚信礼，但好像都没有像她的这般漫长。她感到头脑发胀，神父的话如同飘在空中的奇怪声音，时隐时现；她双腿无力，想就地蹲下但知道自己不能；鼻子里像架着没有熄灭的木炭，在唇上，她感觉到自己呼出的热气很烫。

仪式终于结束了，手中雪白的百合花被奉献到了教堂的圣坛上。蔷薇跟着欢天喜地的家人们回到家中，刚进门，她被裙裾轻轻地绊了一下，突然摔倒晕了过去。

那天晚上，蔷薇没有吃饭，半夜时发起了高烧，伴有腹痛和呕吐。直到第二天中午，蔷薇丝毫没有好转的迹象。她水米不进，面色苍白，连话都懒得说，双腿无力，下床困难，与前一天坚信礼教堂外的靓丽少女判若两人。

她穿过的衣裙被挂在衣柜里，一角雪白的轻纱，从没关严的柜门中露了出来，白得刺眼。

蔷薇的补妆镜和粉盒，一直都被她藏在枕头下。她没勇气拿出镜子，但却多次摸出粉盒把玩。红色的玛瑙边和细细的如光芒四射的银丝，在她潮湿的掌心里变得温暖无比。她打开盖子，欣赏那象牙白，那粉色中透着紫调的美丽颜色，深嗅着玫瑰和薰衣草的香味。不时，她忍不住捻出一点点珍贵的香粉，放在鼻子边，闭上眼睛，想象着自己被一个粉紫色世界拥抱得紧紧的。

惊慌的汉斯请来了略懂医术的本堂神父，这位平常喜怒不形于色的老人，急匆匆地赶来。他微微颤抖的手，在蔷薇的额角上停留了很久，眼中露出深深的迷茫和担忧，最终还是说不出这突如其来的病究竟是什么。

看着围在她床前众人失望的样子，老神父突然想起了教堂里的一位远方来客，他来不及解释，喊上汉斯疾步走了出去。没过多久，他们陪着一个方济各教士回来了，神父介绍说，他是位出类拔萃的意大利草药师。

着一身棕褐色道袍的教士，步伐快而稳健，他的面色红润饱满，已经花白的大胡子飘在胸前，但只要仔细注视他的眼睛，就会发现他的目光清澈单纯，完全是年轻人才有的目光。

尼古拉教士来自意大利中部拉凡尔纳修院，那是个修建在圣方济各曾闭关思考圣地的修道院。他一进来，也像本堂神父一样，先把手放到了蔷薇发烫的前额上，接着翻开她的眼皮仔细查看，又让她张嘴，看了她的咽喉，触摸了她的脖颈淋巴。他挨近她的枕头和被褥，像只猎犬般地嗅了很久。然后，仔细询问了她这几天的饮食起居、活动范围、接触人员等情况，他的有些问题貌似和疾病没有任何关系，但出于礼貌，蔷薇和家人还是一一回答了。

尼古拉教士陷入了沉思，他背着手，在房中踱步，从一头走到另一头，所有人的目光都追随着他露脚趾头的皮质凉鞋踩出来的步子，不知所措。

汉斯给他捧上了掺了点烈酒的鲜牛奶，用不流畅的意大利语向他表示感谢。尼古拉教士听到乡音，不由兴奋地与他聊了起来。他们聊到了圣方济各的故乡阿西西城。当尼古拉得知汉斯从那里朝圣归来不久时，就更开心了，因为对方济各教士来说，阿西西才是真正的圣地！

尼古拉说着话儿，突然，眼中射出了精光，他瞬间想起的是，刚才附身闻蔷薇枕头时，眼睛瞥到的那样东西。他几步冲到了床边，问道："我可以看看那个在枕头边的小盒子吗？"

蔷薇忍着心中的几分疑惑，摸出了她的宝贝儿，不太情愿地递给了他。尼古拉飞快地打开了香粉盒子，深深地嗅了嗅，伸手蘸了一点，放入嘴中用舌头尝着，然后闭上眼睛，嘴里念出一连串的拉丁语。半晌，他睁开了眼睛。

"孩子没有什么严重的疾病，按照我的办法，会很快痊愈的。最重要的，是不让她再接触到这盒香粉。再就是，赶紧把枕头和被子换了，打开窗户通风，哦，不，最好换一间屋子。"一屋子人都惊愕地看着他，这难道是方济各教士的治病手法吗？

尼古拉教士刚见到苍白羸弱的蔷薇时，对她的疾病不能做出判断，她的诸多症状与好几种病契合。但当他俯身向枕前仔细观察时，他闻到了一种气息，在玫瑰和薰衣草香味的包拢下，他隐隐地分辨出了其他物质的味道。

然后，他得知汉斯近期曾去过罗马和阿西西城朝圣，对他刚才闻到的其他物质的味道，就有了猜测。但他确定蔷薇的疾病并作出刚才的"治疗方案"，是在他嗅过、尝过盒子里的香粉之后才有的。

蔷薇得的是"蚕豆病"。

尼古拉教士了解，意大利很多区域，在民间流行几种配方的香粉，所用的材质大同小异，而几种配方中都会用到干蚕豆粉末，这是从古罗马香粉方子中传承下来的。

古罗马贵妇用的擦面粉是奢侈品，配方比较复杂，虽然经过各个时代的改进，但大都以石膏、白黏土、白铅粉、碳酸铅、高岭土或者克里特土为主要原料，没有很大的变化。有人会在这些主要原料里，像古人一样，配以干鳄鱼粪便粉、无花果干粉等物质。也有更奇特的秘方，用鹰嘴豆粉末、橡树胶、飞木耳、海索草和白黏土，一起碾成细粉末，据说使用此粉，会在短时间内产生肌肤胜雪的效果。但众多秘方中，有一种原料是最容易得到，配制也是最简单易行的，同时是最经济实惠的，它的原料主要是干蚕豆粉、石膏粉。

尼古拉教士曾在意大利中部的一个修道院见过修女们制作这种粉，她们在研磨好的蚕豆粉和石膏粉中，掺入少量的干花瓣末，再研磨多次，让几种粉末完全相融。干花不但能掩盖蚕豆粉和石膏粉轻微的腥气，也可以减轻香粉上脸的"假白"效果，更何况有些花卉，如玫瑰、丁香花、百合花、杏花等，还有着珍贵的药用价值呢。

尼古拉教士在那个修道院停留了几日，帮助整理了一些草药档案手稿，也在草药研制和保存方面做了不少指导。他离开修道院几天后，鼻腔里还保留着蚕豆粉和玫瑰花混合在一起的奇特气息，这使他心中起了不少波澜，他想起了母亲柔软的怀抱，想起了少年时在不知名的石头城堡上，曾经邂逅过的少女，她周身散发出的就是这种暖洋洋的芬芳气味。

在打开被蔷薇体温焐热的小香粉盒子的那一瞬间，尼古拉教士仿佛又回到了那个静默而寂寞的修道院高墙内，那些不施粉黛、与世无争的虔诚修女们，用何等苦心、何等耐性，来研磨调配给世人带来美丽的香粉。她们的青春和生命，在晨钟暮鼓中消逝而终身无悔。她们与俗世的脆弱纽带，也许就像手下的细腻香粉一样，随时会随风飘散。

关于蚕豆病，蔷薇一家人毫无所知，按照尼古拉教士的吩咐，他们要牢记的是，蔷薇从此不能生吃蚕豆和蚕豆制品，要避开靠近蚕豆种植田地，尤其在蚕豆开花和收获的时节。

尼古拉离开布拉格前，专程来看望蔷薇。除了脸色略显苍白外，少女已经恢复了她的青春活力。

她跑上前来向教士致谢，尼古拉笑着望着她，告诉她不必太为自己的雀斑操心，随着年龄的增大，这些小芝麻粒会逐渐消失的，完全没有必要用香粉来掩盖。不管怎样，这也是上帝的馈赠。说到这里，他的脑海中浮现出这样的话："想一想，创造太阳、月亮、星星和统辖诸天的万物之神，充满了无量的荣耀和无与伦比的美丽，如果这在他的计划之内，他不会让我们变得美丽和白皙吗？"

这是伊丽莎白时代英国著名的清教徒菲利普·斯塔布斯的名言。

离开时，尼古拉想将此话献给蔷薇，但终究没有说出来。他凝视了一会儿沐浴在阳光下的少女蔷薇，仰头笑着走到了街上。

是啊，追求美丽，难道不是件美好的事情吗？

镜外观

先秦时期，郑楚两地已有"敷"之俗。人们最早用的是米粉，后来由铅和油脂组成的胡粉也进入了中原。再后来，人们在米粉和胡粉中又加入了紫色的落葵子制成了紫粉。在紫粉中再加入带有强烈香气的丁香，于是中国人就有了最早的"香粉"。

古罗马时期，贵妇们用的擦面粉是奢侈品，大都以石膏、白土、白铅粉、碳酸铅、高岭土或者克里特土为主要原料。后来，有人又配以鱼粪便粉、无花果干粉、鹰嘴豆粉、橡树胶、飞木耳、海索草等，据说可以达到肌肤胜雪的效果。

两个故事讲的都是为了追求美而被美所伤的故事，原因倒也简单，就是那成分复杂的香粉里，有某些生命中根本不能承受的元素，比如干蚕豆粉还有铅粉。

每个女人都为梦为美而生，正如莫泊桑小说《项链》里的玛蒂尔德小姐，一辈子都在贪恋怀想那场盛大的华彩舞会。只为一生唯一的闪亮登场，哪怕项链变成锁链也在所不惜。这并非女人的虚荣与不切实际，而是对生命终极价值不计代价的追求。

香粉，就是一团欲望的混合物。对女人来说，只拥有此生此世是不够的。她们必须白日做梦，她们必须无中生有，她们必须以梦为马，她们必须为爱痴狂。

张海龙

假发
wig

　　一年一度的裙幄宴马上就要到了。这是华兰城女子的春日盛会。在曲曲的水岸边，精致鲜妍的丽人们信游野步，裙裾飞扬，她们浓密如云的发髻高高耸立着，迎着明媚春光，美丽又典雅，让多少即将及笄的少女们心生向往。女孩们迫不及待地想要换下头上稚嫩的羊角髻，学着大人们梳起时兴的各种美丽发髻，穿上石榴染就的罗裙，在"云鬓花颜金步摇"中去迎接自己最美好的一段人生。

　　譬如老陈头的女儿琯琯，就正为参加今年的裙幄宴而精心准备着。琯琯深知，这女子之美，一半在容颜，一半则全靠发式。女儿家的"头等大事"讲究髻鬟之道。"髻"是发股拧旋成结，"鬟"是发缕中空成环，当然，要梳一个好看的发式，一头乌黑浓密的长发是基础，这正是琯琯最大的底气。她的头发柔软滑顺，仿佛被晨露沐浴过一般，泛着乌莹莹的光泽。孩童时，母亲会将这些头发分成两股盘旋翻折，圈圈绕绕成灵巧的小小角髻，立在琯琯的头顶。等到大些时，角髻下则会再分出一束，绾成圆环，对称地垂于双耳侧，爱美的琯琯会在发环上系上细细的丝带，显得乖巧又甜美。因为浓厚的发量，像普通女孩需要塞些布条才能支棱起来的双螺髻，琯琯也是轻松驾驭，能盘结双叠出两个饱满的螺壳，极其精灵可爱。

老陈头也从不吝啬对宝贝女儿的爱，听女儿说用米汁洗头可以使头发更加柔软滋润，他日复一日，将米煮熟后取出用清水洗净，放入布袋中细细搓揉，集满一碗米汁为女儿涂抹所用。听说刨花水护发效果绝佳，他特意候在工匠铺中，收拾些榆木碎料刨剥取胶……虽然烦琐，但看到女儿的笑颜，他觉得一切都值得。

可纵使琯琯的头发是这样的得天独厚，在当今"城中好高髻，四方高一尺"的风潮中，能施展的空间还是非常有限。从长安宫中传来的各式各样、新颖华美的名字浪漫如峨髻、荷髻、回鹘髻、惊鸿髻、乐游髻、双鬟望仙髻等发式，让无数华兰城的女子趋之若鹜、竞相模仿。特别是双鬟望仙髻，听闻是宫中娘娘们的最爱。那用金钗挑撑起的环状双髻高可达两尺，束立于头的两侧。发环用金银丝线缠绕，缀满花钿，髻中央一支孔雀衔枝珠翠步摇，看上去恍若仙女下凡，有瞻然望天之姿，说不尽的高贵绝伦。

要梳这样的发式，就不得不借助义髻了。上上品的义髻，是人剪下的真发用以鲸须支撑，精细编织而成，戴上去轻巧精致得如同一朵云。稍次之，是用金或竹架等作撑，覆以真发。最寻常的，就用染成黑色的薄木，削制成任何想要的髻式，再刻上花纹绘上彩画，远看尚可，近看则显得有些粗糙。老陈头原已为女儿准备了数个木髻，但爱美的女孩又怎么能忍受自己美丽的头发因这笨拙的木髻而失去光彩。她十分渴望能拥有一顶精致的义髻去参加人生中的第一次裙幄宴，就如她在髻鬟图谱上一眼便迷上的、宽广高耸、形如鸿鹄掠起双翼，名为"惊鸿"的美丽义髻。

禁不住女儿的苦苦请求，老陈头忙托人打听。这一圈问下来，他才知道，要买一顶真发编织的义髻绝非易事。听商人朋友说，市面上只有两个途径才能拿到真发，一是新罗国的进贡，二是从髡刑中获得。新罗国进贡的头发取自于新罗少女精心呵护养成的头发，一种是价值 50 两白银长约两尺的头发，另一种是价值 300 两白银长达四五尺的头发，京城里的贵妇人们，都会佩戴这种价格高昂且质量好的"进口货"。但这样的头发就连宫中的娘娘也是不够分的，哪还会流入宫外，真是有钱也买不到。而由髡刑割收的头发，虽为宫中之人嫌弃，但也物稀为贵，总有商贾高价买之作为替代，更何况裙幄宴将近，制作义髻的材料实在紧缺，早已被抢购一空。实在想要买，就只能找非常之路了。

"去庙河边的暗市试试运气吧。"朋友环顾四周，悄悄在老陈头的耳旁说道。老陈头没去过暗市，倒是听人说起过。暗市，市如其名，是庙河一处狭长洞窟内如同幽冥般存在的买卖之地。万籁俱静的夜晚，大部分人早已经入梦，暗市却在这个时候才开市，影影绰绰间，你来我往，各取所需，待到天明就散如鬼魅，无影无踪。暗市的东西只有想不到，没有买不到，便宜不便宜另说，真货还是假货也另说，单只一点，这里的货物大多来路不明。

要去这样的地方，还得是犯夜而去，老陈头心里直打鼓。华兰城实行宵禁，律法有曰"闭门鼓后、开门鼓前行者皆为犯夜"，一旦被发现，就得受笞刑 20 下。但想到女儿，老陈头还是咬咬牙，小心翼翼地趁夜摸进了暗市。

一进来，老陈头就被眼前的景象给震住了。洞窟中，俨然是一个庞大的地下暗城，人潮汹涌，如同白昼的闹街，各种奇珍异宝、古玩字画、稀罕奇兽、机关锁件都在这一方天地中汇集，老陈头甚至还看到高鼻深目的胡人和浑身黝黑的昆仑奴，买的卖的，都涌在一团昏暗之中，窸窸窣窣的杂声，闷热酸朽的空气充斥着整个洞窟，令老陈头一阵眩晕。

　　等到心绪稍稍平缓，老陈头便开始找寻起女儿心心念念的义髻来。他顺着人流往暗市的东北角探去，这片区域更显阴暗，人也更为拥挤嘈杂。一不小心，老陈头不知被什么绊着往前扑了几步，连带着旁边的摊板哐当一声，一齐倒在了地上。摊板上的东西劈头盖脸地砸向老陈头身上，在摊主的咒骂声中，老陈头忙不迭地道歉，手忙脚乱地拾起滚落四处的物件。他看不清所拾之物，只觉得这些东西一团团的，似覆有皮毛还是纱线之类，触感蓬松。等递给摊主人，老陈头趁光看了一眼。这一眼，可把老陈头吓得够呛，连手上的东西都给扔了出去。

　　"这这这！……这莫不是个人头啊！"老陈头惊恐地指着摊位上的东西，舌头似打了结。昏暗的烛火下，一个个状似人头的物品摆在地上和摊板上，但若仔细看便会发现，那些是由木架或石块撑起的头发，有些松散垂下，有些被随意束成几尾，更多的是梳得高高的，形态各异的发髻，乍一看到，着实阴森吓人。

　　"这位老兄，来买头发？"一个穿灰色布衫、年岁较大的男子拿回被老陈头丢出的头发，一边放上摊位，一边凑上来问道。"是，是啊。"老陈头惊魂未定。

"无怪，刚来时我也被吓到，"灰衣衫拍了拍老陈头的肩膀，"全华兰城的头发啊，要买也只能在这了。""可暗市哪来这么多的头发？"老陈头很是讶异。

灰衣衫拉了拉老陈头，比了个噤声的动作，压低声音说："我说老兄，这暗市的规矩是只管买就是，从不问来路。"他眼神左右一瞟，好像藏有什么秘密不吐不快，"据我所知，这里的头发都是偷盗所得。"

"偷盗！？"老陈头不禁睁大了双眼。"可不是嘛，越是物以为稀，就越是有高额的回报，出现为了银钱而敢于犯案之人也不足为奇。"灰衣衫回答道，华兰城头发紧缺，自然有大"生意"。

"那群盗贼专挑偏僻小路上堵人，若来人拿不出足够的钱财，他们就剪下这可怜人的头发，卖掉换钱，发笔大财。更有胆大的，光天化日下，竟跟在喝得酩酊大醉的人身后，趁人昏沉之时偷将头发'咔嗒'剪下就跑。"灰衣衫咂咂嘴，"不知有多少人因被剪了发报官，但官府也没法呀，贼人神出鬼没，抓不到，也抓不完。那些被剪头发的，若拿不出证据，甚至还会因断发而获罪。这么下来，还不如不报，一块头巾裹着就是了，这反倒更壮了贼人的胆，越发疯狂起来。"

灰衣衫偷偷指着一些精心打理过的发式说："被剪下的头发大都流到了暗市，几十贯起步，一些质好形美的，高达百两。""那边，那些，"他又指了指呈松散状，以及扎成一尾的头发说道，"待急时，人发不够，还会取枭阳的皮毛和马尾，价格就便宜多了。"

听着灰客衫的介绍，老陈头壮着胆，细细打量起这些头发来。放在最末端的，是动物的毛发做成的散发，发丝硬厚，还混杂着异味，但几贯的价格还是吸引了不少人。几个围观之人包着头巾，老陈头猜想，指不定是受了髡刑的人，因被剃光了头发前来买之。往中间的，便都是人发了，虽说头发来路不正，但"作头"的手艺却很是不错。有些盘盘叠叠，发髻如同游蛇蜿蜒、盘曲、扭转，曰"灵蛇"。有些将头发侧拧之，髻如随云卷动般生动灵转，曰"随云"。有些外形犹如那陡峭的山峰，曰"峨髻"，最高的可达到一尺多，有的甚至在髻上装饰珠翠梳篦和大朵的花朵，充满雍容华贵之感。

突然老陈头两眼一亮，那顶女儿所期盼的，"形如鸿鹄掠起双翼"般的义髻，赫然出现在一堆高高低低的发髻中。它发色黑亮，形状是那么的独特，两翼高高耸立着，形姿优雅，仿佛骄傲的鹄鸟，带着睥睨众生的气势，欲展翅扶摇直上九天。女儿琯琯若是能戴上这顶惊鸿髻，想必定是裙幄宴中最耀眼的存在。

老陈头拿起这顶"假头"，冲着摊主喊道："这髻多少银两？"摊主还在忙活着，听到声音转头看了看老陈头，幽幽地回道："这位客人，您倒是识货，这顶是用最好的头发制成，一点儿都不比新罗进贡的差，是京中那位最尊荣的娘娘的同款呢。"他伸出一根手指，向老陈头比了比，"得这个数"。"10两？我有我有！"老陈头忙掏出银袋。

"10？客官您甭说笑"，摊主挑了挑眉，将手凑近老陈眼前，"是100两。""100！？这什么黑……"老陈头惊得脱口而出，被灰客衫一把捂住了口。灰客衫冲着摊主一顿讪笑："没没没，我这老弟再考虑考虑。"

摊主反手向外扫扫，口气不耐烦地说道："走走走，爱买不买。"说话间，旁边又有人问起价格。老陈头有些丧气，100两啊，这可大大超出了他的预想，谁能想到这义髻能卖到这个价格，他又上哪去弄这笔钱？老陈头踌躇不定，眼看着摊位上一个个义髻被众人买走，越发焦虑。

灰客衫见状，安慰着老陈头，悄悄说道："不如，你也学那伙贼人，去找个什么人，把头发给剪咯。""这这这，使不得使不得！"老陈头慌忙连声拒绝。灰客衫若有考量："那，还有一个办法。""什么办法！"老陈头满是期盼地问道。

裙幄宴的清早，琯琯收到一份礼物——一个用花布包裹着的木匣。琯琯好奇地打开匣盒，里边装着的，竟是她日思夜想的发髻！琯琯按捺不住惊喜，连忙将东西取出细细端详。那发髻是如此的精致华丽，发丝柔顺油亮，双翼高耸斜倾，与图谱描绘得一模一样。她迫不及待地跑到铜镜前，描好红妆束起头发，将义髻小心翼翼戴在头上。

琯琯痴痴地看着镜中人，那是仿佛脱胎换骨般、陌生而美丽的自己，稚气慢慢退散，仿佛青涩的石榴终于露出宝石般璀璨的内里，一种新奇而又满足的情绪塞满了女孩的心。恍然间，她仿佛来到芳草岸边，与那群自己梦想成为的妍丽佳人一起，在世人的注目下，昂起高高耸立的美丽发髻，缓缓穿行在层层纬帐和婆娑花影之间，和光流动，衣袖流香。

珰珰告别了母亲，与女伴们一起前往裙幄宴。她好奇怎不见父亲，母亲眼神闪烁只说老陈头又忙去了。珰珰不知道，她的父亲老陈头，此刻正站在离家不远处的巷道，远远看着自己的女儿。

他的头上包着深色的布巾。原来，"热心"的灰客衫告诉老陈头的办法是，"以物换物"。作为盗贼的一员，年老的灰客衫力气身手都不如其他人，但自有一套"生财之道"。他游走于暗市，劝说那些买不起头发的人将头发剪下低价买下，再高价卖出，又与摊主说好，谈好一笔生意再赚笔"牵线"费。可怜的老陈头将自己被贴着头皮剪下的头发卖了30两，又与灰衣衫"讲价"，凑了50两，共80两买下那顶义髻，托朋友带给了女儿。

裙幄宴的华兰城，处处是簪花高髻的佳人。"玉钗斜簪云鬟髻，裙上金缕凤"，这谁知谁头上，戴着的又是谁的头发呢？没人在意。如珰珰般大的女孩们，戴着高高的惊鸿髻，神情青涩又带着骄傲，那些曾经小小的孩子啊，终于等到了她们的及笄之年，奔向了繁花正放的人世间。

弗
朗
科
的
猩
红
童
话

　　年过 40 的安吉拉来福斯克家族做女管家时，伯爵夫人很明确地确定了她的主要职责：一是管好少爷弗朗科；二是管好这座在威尼斯运河边的祖传宅第。

　　那天清晨，安吉拉痛心地发现，她的两项职责，都出了极大的纰漏。当她像往常一样，举着烛台从阁楼下到大厅时，壁炉边上几个泥泞的脚印，让她大惊失色。目光顺着逐渐变淡的脚印往前挪动，她发现了墙上有块小孩巴掌大的血痕。这块血痕的位置很奇特，在壁画上圣安东尼的脚下，乍看像是一朵暗红色的落英。可没有人比她更熟悉这所宅子里的每一处，包括所有古老壁画上的细节。绘有圣安东尼的这幅画，背景有棵挂满果实的核桃树，而画中的秋天，是不会有红色落英飘落在那里的。

　　安吉拉随着地上几乎难以辨认的水渍走到二楼，停在少爷弗朗科的房门前。门关着但没有反锁，她推门进去。

深蓝色金丝绒上衣被扔在床前地毯上，她将衣服捡起来，抱在怀里，一股潮湿的腥味冲入鼻翼，像是某些动物皮毛的味道，可她辨认不出究竟是什么。衣服两个袖口白色的花边上，有大片已干的血渍，使原来柔软细腻的大马士革丝织花边，僵硬得像新浆过一般。

安吉拉忍住慌乱，从头到脚打量了一番床上熟睡的年轻人，在确认他没有受伤之后，便小跑了出去，直接敲响了伯爵夫人的房门。两个惊恐万状披着晨衣的女人，在弗朗科床前审视良久后，又忧心忡忡地回到了伯爵夫人的私人小客厅，悄声讨论这件事的蹊跷之处。

这个寒冷无比的圣诞节刚过，威尼斯的春天预演仿佛来得比往年早，从海湾不时吹来的暖风，在空气中飘浮，带着一种莫名的亢奋和躁动。一些浮浪少年屡屡生事，就在前几日，在城中心的里亚托桥上，一个本分的贵族被人捅了几刀，险些丧命，而肇事者却像浓雾一样，瞬间消失在古老黯淡的桥下。想到此，伯爵夫人不由打了个寒颤。于是，她喋喋不休地嘱咐安吉拉，这些天一定要派人盯紧少爷，并尽快搞清楚他身上血迹的由来。跟踪弗朗科的人，很快就带来了他的行踪和血迹来由的详细汇报。前一天凌晨，他和家里的船工，驾船驶向威尼斯南边的波凡亚岛。

波凡亚岛是个荒凉之处，虽在 14 世纪繁荣过一阵，岛上的教堂、城堡、果园、盐场等，都是那个时代的产物，但几个世纪和众多战争过后，岛上人烟逐渐稀少，最后沦为威尼斯公国的海上仓库和航海设施存放处。

弗朗科的船快速驶近，岛的轮廓，在早晨的雾气中时隐时现，教堂钟楼的尖顶，像是悬在天空中，充满了神秘虚无感。弗朗科立在甲板上，吹了一声口哨，不一会儿，两只硕大的白色牧羊犬从树林现身，奔到岸边，狂吠不已。船上的人不敢造次靠岸，直等到慢悠悠出现的牧羊人大声喊住了狗，他才小心翼翼地下了船。

　　弗朗科此行的目的非常简单，只是想买几只羊羔，可万万没想到的是牧羊人连连摇头，一口回绝。随行的船工大惑不解，难道在城里还买不到几只羊，有钱人就是矫情！可他哪能猜到，这矫情是有充分理由的。

　　最近几年，城里的一个大户，从意大利沙丁岛买来了一批羊，这些在贫瘠山区生长的山羊，不但羊羔肉极其鲜嫩美味，而且羊奶酪的滋味也浓郁鲜香。可此刻，弗朗科在意的却只是羊皮！他用过这种小山羊皮做的手套，皮质柔软细腻，戴在手上如同自己的皮肤一般，这种出类拔萃的特质，给他留下了极好的印象。

　　牧羊人拒绝卖羊羔的理由很简单，离复活节没多久了，这批羊羔到那时正好上桌，这可是所有达官贵族复活节餐桌必不可少的佳肴！羊羔卖个好价钱，那可是件妥妥的事。但弗朗科腰间沉重的钱袋说服力是强大的，买卖成交之后，弗朗科请牧羊人直接宰了刚属于他的三只羊羔，他感兴趣的只是羊皮。

　　从波凡亚岛回城后，他直接奔向硝皮匠臭气熏天的铺子，袖口花边蹭上的血迹，也许是和工匠翻弄皮子时留下的。离开硝皮铺子，他的下一站，是圣维多教堂后面的理发铺。除此之外，打探者没有获得更多的信息。

这些信息足以让福斯克伯爵夫人和女管家安吉拉放宽心了，至于三张羊羔皮的去处和用途，她们没有半点兴趣。这世界上，稀奇古怪的事情还少吗？她们心有灵犀地相视一笑。

就在临近圣诞节的那几天，威尼斯不就出了一件非常稀奇古怪的事吗？1668年12月21日，威尼斯难得的一个温暖无风的晚上，冬日暖阳普照了一整天，余温尚荡漾在运河与临河的宅邸周边，带来类似小阳春的慵懒和惬意。在圣马可广场闲逛的人们，比平日多了不少。突然，从靠近教堂正门处传来一阵欢快的喧闹声，吸引了许多人转头望去。

一群衣衫鲜亮的年轻人，正簇拥着两个长发飘飘的人，向广场中间走来。很快，好奇者迅速围了上去，许多人都认出了其中的主要人物，他是威尼斯豪门世家的希皮奥内·芬奇圭拉·科拉托伯爵！他头戴一顶威尼斯人从未见过的假发：蓬松的卷发在头顶中分，被做成高耸的形状，犹如两扇大鸟的翅膀；浓密的发卷像瀑布般落下，垂到离腰际30厘米左右处。

伯爵的假发是金黄色的，被他红、紫相间的金丝绒长袍衬得更为耀眼。他本来苍白的肤色，由于亢奋，显出平日少见的红晕。震惊、羡慕、崇拜、鄙视，围观的人们表情各异。伯爵在这个宁静的冬日，在热闹的圣马可广场，用他蓬松茂密的假发套，引发了一场轩然大波。

长着让人瞩目的鹰钩鼻的伯爵，像是早已料到了人群的反应，嘴角始终挂着一丝高傲的微笑，向喊他名字的人稍稍点头致意，像是演员在谢幕。刚从法国巴黎旅行回来的他，此刻，通体都散发着最时尚、最新颖也是最反潮流的气息。突然，广场上风乍起，伯爵的金色假发，如同太阳的光芒，向四处飞舞，连同他身体散发出的麝香香水味儿，直射每个围观者，迷惑了不少人的心智。此刻，人群中年轻的弗朗科心潮澎湃，对伯爵的崇拜和仰慕达到了极点。同时，他在心中开始了自己的谋划。

希皮奥内·芬奇圭拉·科拉托伯爵是意大利历史上第一位在公共场合中使用假发套的人！可要把他在威尼斯最热闹处、众目睽睽下头戴假发套招摇过市这件事仅仅看成肆意妄为、博人眼球的浮浪行为，那显然是枉费了他的良苦用心。

7个月前，1668年5月29日，威尼斯十人委员会就颁布了一项法令，严禁在公共场合使用假发套。十人委员会（又称十人团）是14世纪威尼斯政治制度改革的成果之一，该委员会一年选举一次，具有秘密监视总督和大议会等政府机关的权力。自14世纪中叶，成为威尼斯最主要的政治机关。

希皮奥内·芬奇圭拉·科拉托伯爵出格的行为，在威尼斯社会各阶层引起了连锁反应，人们对此的热情和蜂拥而至的仿效，使这种挑衅很快转变成了一场革命。这种现象致使30年后，威尼斯十人委员会不得不修改了假发严禁令：不需要使用假发套而滥用的人，将被罚纳年税。这无疑是国家顺势而为的征纳税行为，这样既充盈了国库，又不得罪那些爱好假发的达官贵人，可谓两全其美。

可十人委员会想象不到的是，1709年，威尼斯总督乔万尼·考尔耐居然用上了假发套。从此，局势有了异常失控的转折，威尼斯贵族们人手几顶假发，到了1723年，女性也争奇斗艳地加入了此行列，假发完全征服了威尼斯。但这已是后话了。很难完全了解希皮奥内·芬奇圭拉·科拉托伯爵在那个冬日夜晚狂放不羁的动作后面的所有想法，最肤浅的假设有两个：一是，他刚从巴黎回来，被法国贵族们的各式假发迷得神魂颠倒；二是，依仗着他显赫的家世，挑战一下当局，出格之事会给生活增添不少趣味。

希皮奥内·芬奇圭拉·科拉托伯爵去巴黎的那年，是路易十四登基的第25年，但只是他亲政的第8年。踌躇满志、被称为"太阳王"的路易十四，创立了有史以来的绝对君主制统治。在人们眼中，这是位神一样存在的国王，他的言行举止、审美趣味以及他的装束穿戴，自然成了臣民们的标杆，太阳王可谓是法国时尚潮流的领军人物。少年国王画像中的他，面部线条柔和清秀，但可以从中看出，他的毛发不甚茂密且发质细软。可后来，人们熟知的路易十四形象，拥有一头茂密乌黑的卷发，中分发型，在头顶形成高耸的翼型，长发像瀑布一般披散下来，威武中不失风流倜傥之气。他不但把假发戴得像是自己身体的一部分，也成了他最显著的外貌特征之一。

其实路易十四并非开假发先河者，可不得不承认，他是将假发戴出最具独特风格的国王，是法国18世纪假发当之无愧的代言人。据说，他的父亲路易十三为了掩饰壮年脱发使用假发，从此开启了法国宫廷和贵族圈以假发为时尚的先河。

1665年，路易十四给巴黎48个工坊颁发了专营假发的执照，以致这些店铺摇身一变，从先前被大众视为低俗的剃头铺子，成了高雅时髦的美发场所。假发——巴黎时尚的最重要标识物之一，成了巴洛克时代"最巴洛克"的瑰宝。

青年弗朗科继续着他那晚目睹希皮奥内·芬奇圭拉·科拉托伯爵风采后的计划。将在波凡亚岛高价买下的几张小羊皮送往硝皮工坊后，他出现在了理发铺。理发铺的掌柜是弗朗科的老熟人，他几个月前烂成一个大黑洞的智齿，就是由掌柜给拔掉的，虽然这刻骨铭心的手术让弗朗科对他无比仇恨，但此刻，他俩亲热得如同多年不见的老友。人们俗称的剃头匠，并不是个简单的职业，从 13 世纪起，理发师入行有需要宣誓的规定——对，宣誓！类似于从医宣誓的那种，因为从事这个职业的人，必须拥有一定的医疗技能：拔牙、处理外伤、放血等，尤其是放血，要在人的静脉上切割排出血液以此降低血压，为此，理发师必须拥有一个标有刻度的容器，来测量按照医嘱放血的量。

　　从拔牙那次起，弗朗科对略显猥琐且唯唯诺诺的理发铺掌柜刮目相看，记得他在对付自己牙龈血流如注时，那坚定自信的神态和娴熟的处理手法——用一种口感苦涩的神秘粉末堵住伤口，没一会儿血止痛消。可这次青年人来此的目的和伤口、蛀牙都没有丝毫关系。他们悄声交谈了许久，理发铺掌柜先是使劲摇头，最后面露难色地点头，望着弗朗科殷切的脸，勉强笑了笑。

　　威尼斯阴冷的冬天，对所有人来说，都过得太慢了，只有弗朗科觉得日子过得飞快，这个多雨的冬季，他在理发铺里出现的频率高得惊人，但伯爵夫人和管家安吉拉已不再关注他的行踪了。

　　春天的暖风从海湾缓缓吹来，给城市带来萌动和生机。此时，威尼斯最亢奋的要数贵族们了，因为春天一露头，威尼斯嘉年华狂欢就在眼前了。这是世界上历史最悠久、规模最大的嘉年华之一。1296 年，嘉年华成了威尼斯一年一度的固定节日，从每年 2 月初和 3 月初之间的四旬斋前一天开始，街头的狂欢延续大约两周。面具下面不分贵贱，任何奇装异服、妖魔鬼怪扮相，在狂欢节期间都不会受到非议。

嘉年华的第一天，浓雾笼罩着威尼斯城，但盛装的弗朗科还是早早地出门上街。这几日的焦虑和亢奋，随着他走向圣马可广场的脚步，竟然逐渐平息了下来。广场上，雾还没有散尽，影影绰绰地有些人在移动，在他眼中像是诡异的幻象。

弗朗科青色的缎面提花上衣、镶金边的同色灯笼裤勾勒出他颀长的身材；雪白貂皮领圈，给黑色的丝绒大氅平添几分豪奢之气；鲜红的羊毛紧身裤，裹住他肌肉饱满的腿，与之呼应的，是他头上的假发，一顶猩红色的假发套！光洁蓬松的长发，被做成众多精美的大发卷，像山涧任性的瀑布，从他的头顶飘下，从面颊边落在肩膀上，披挂在背上。时时有发卷被风吹起，挡在他的脸上和嘴边，这时，他会轻轻地晃动着脑袋，将发卷移开，这动作既优雅又自信，给他的神情添加了几分飘逸感。

弗朗科此刻感觉到了一种前所未有的愉悦和自信，他沉浸在成功的快感中，假发的完美出乎他的意料！与头顶接触的小羊皮，被艺高胆大的硝皮匠处理得柔软细腻，与皮肤接触，像某种温情脉脉的抚摸。而费尽心机收来的年轻女孩的茂密秀发，被理发师那经验丰富的双手，用尖细的银质钩针，一根一根巧妙地植入小羊皮中，自然得如同从那里长出来一般。这天，许多赶潮流的大胆贵族或纨绔子弟，都戴了假发，但唯有弗朗科成了全威尼斯最亮眼的人物，他头上那流光溢彩的猩红色假发，无疑是他身上最耀眼的亮点。

　　风流一日的代价是沉重的，父亲对他向来的放荡不羁，尤其在嘉年华时展示的那顶红色假发和红色紧身裤，再也不能容忍，思忖良久，最终去了威尼斯最古老的公证处，立下字据，剥夺了弗朗科的家族财产继承权，除非他有朝一日改邪归正。在威尼斯的福斯克伯爵，气急败坏地立字据剥夺儿子弗朗科的继承权，因为他无视法令，戴了红色假发招摇过市。

　　而此时的法国宫廷，假发已经成了每个贵族贵妇不可缺少的行头，没有人再敢贸然展示自己本身的头发，任何时候任何场合，不戴假发的感觉，如同光着身子出门。

　　虽然女性使用假发迟于男性，可却展现了"后来居上"的境界。"犄角""风车""海蚌""母鸡""军舰"，这些都是贵妇们顶在头上假发的名字。社会上每时每刻出现的新事物，都会触发制作新奇假发的灵感，夸张、奇葩是假发的关键词。17世纪末有人留下了这样的记载："女性们想到了用铁丝制成她们头顶的金字塔，事实上，这种发型已经成了一个拥有好几层的建筑物。她们竞相攀比发髻的高度，以至于每次进门的时候，不得不低下头才能通过……"

　　贵妇们的头上，玫瑰在花园中边开放边凋零，鸽子在巢中孵出嗷嗷待哺的下一代，白菜在瓦罐中打着旋漂浮，军舰在波涛尖上颠簸颤抖，风车在无风的日子里奋力挣扎，几只斑斓的鹦鹉，正无言地飞上孤独公主的塔楼……

今非昔比的剃头匠们，个个变成了叱咤风云的人物。他们往贵妇们的头上堆砌缎带、珠宝、羽毛、花朵和树林，用真真假假的头发来塑造奇特的、独一无二的世界。在这个世界中，众多的昆虫甚至小动物，都愉快地找到了安全温暖的长期居所，在香水和人们的体味中，在香粉和发胶中打滚撒欢，繁衍后代。

面对这繁茂的花花世界，用坚强的颈椎顶起沉重发髻的贵妇们，不由自主地叹息：从前往假发上撒香粉以求暂时上色的做法（男性白色或灰色，女性用金色、天蓝色、紫色或粉色）显得多么缺乏想象力，多么寒酸。

但有一天，这个广袤的头顶宇宙，随着法国大革命的浪潮，烟消云散，留下的是无数被遗弃在美发师筐子里的散发、缎带、花朵，以及各种毫无美感的杂物。无数戴过这些奇葩珍贵假发的头颅，最终，只得带着自己真正的头发，滚落到断头铡刀前的箩筐里。

可惜，几个世纪前头戴猩红色假发的弗朗科不会知道，只有威尼斯，永恒的威尼斯，一直保留着曾经繁华而豪奢的假发世界。每年的嘉年华，人们身上的锦缎长袍、手中的扇子、脸上的面具，以及头上各式各样的童话般的假发，都能唤回对那个神奇时代的记忆。

镜外观

"玉 斜 云 ，裙上金缕凤"。春日丽人行，曲曲的水岸边，她们裙 飞扬，发 高耸。少女们换下羊角 ，梳起时兴的美丽发 ，穿上红石榴染就的罗裙。这 娜娜而来的丽人装扮了人间的美好，青春的气息扑面而来，可以想见，一个个情生意动的故事就在春天得以展开。

在遥远的意大利，威尼斯最热闹处，希皮奥内·芳奇圭拉·科拉托伯爵于众目 下头戴假发套招摇过市。这是一场坚定的行动，他用自己的形象去挑战社会权威，从而将其演变为一场社会革命。

几个世纪之后的今天，假发在世界各地悄然流行，人们丝毫不感到奇怪，也不觉得它有任何挑衅意味。这已是一件自然而然的事。在不同的年代、不同的人群中，小小的假发背后，既有审美意识的觉醒，也有自我意识的表达。唯有一点不同的是，今天的假发，不为标新立异，只为 然于众人，越接近"真实"越好。

周华诚

香水 *Perfume*

花气蒸浓古鼎烟

　　云香斋最近很是忙碌。仲秋已至，暑气渐消，空气里到处是木樨的甜香。"喜新厌旧"的人们涌到铺里挑选新香，铺里新上的几款和香，正合时宜。

　　"姑娘可是自用？我家的兰蕊香丸，以陈年的山檀、乳香、丁香，还有河北最好的鸭梨研汁调制而成。平日里拿去放在铜制的香囊里，走动起来不仅留下兰花的香气，香囊叮铃作响也是好听得很！"

　　"公子不喜浓香，不妨试试这款山林四合，用的都是些果子壳、香桭皮、槵搌核、甘蔗榨磨成细末，和着鸡头米捻作饼子，又添了些降真屑和檀末，放在案头可神清气爽了。"

　　"王管家，上次夫人订的返梅留着呢。最近沉香好货不多，好不容易攒了些，给夫人多调了几盒，烧的时候记得衬上云母啊。"

117

"大娘，我们这柏香饼取的是西山的柏树，沸水焯过，然后浸在秋白露中密封七天，炉熏是一等一的好……"

香铺的伙计们说得口干舌燥。往日，这介绍香的活总是掌柜阿沁一人操办，眼下正是人气旺的当下，她却把自己关在后院的制香阁里好几天了。

阿沁正忙着调香。依样调香，是云香斋较之泉州城其他香铺最大的特色。如今人们都以用香为尚，上到王室贵族，下到普通百姓皆是爱香如痴，总有一些有心人会寻得名香奇香，让香铺来个"定制"款。阿沁当然乐意接这样的活，得益于祖辈世代相传的制香技艺和天生的灵赋，阿沁在这方面可算是整个泉州城数一数二的好手，客人想要哪种香，说说需求或送来样香，阿沁闻一闻，就能知个八九分，依照给配出来。当然了，阿沁也有自己的小心思，万一运气好，配的是哪位大人物的心喜之香，哪里还愁销量。

忙活间，伙计领进一个人，见她全神贯注，轻咳了几声。阿沁抬头一看，欣喜说道："蔺叔，你可来啦。"

蔺叔是个行商，阿沁经常向他买各种香料。泉州城香铺云集，要想走在前边，除了要不断改良、研制新的香方，原料的品质也很是重要。本土的香料好说，各地铺子常年售卖，成色也极好，可要是想买到来自外域的新奇香料，就要靠蔺叔这样门广路多的行商供给了。也好在泉州有港，朝廷又在这设了市舶司，来自占城、交趾、三佛齐等国的海上商船能带来各种特色的香料，除了少数一些专属朝贡外，大都需要的都能在行商这里买到，比起其他地方是方便多了。

阿沁清点上次订的香料。"真腊的沉香、龙脑、金颜香，安南的苏和油，还有扶南产的广霍与枫香，没错，就是这些了。"她将东西收入存香的一个个格子里，又列了新需的香料交给蔺叔。

蔺叔收好单子，问起前次有人托他向阿沁定的香，阿沁回道："放心蔺叔，这几日忙的就是这个，所需的香料都在了，似个五六分不成问题。"

其实，能似个五六分，已是很不容易。因为客人想要复制的是御制的奇香，东阁云头香。

时间回到数十日前。那天，蔺叔带来香料的同时，也捎来了一个精致小巧的铜盒。盒里是薄薄的一小块香片，放在烛上炙烤，有着极特别的香气。

阿沁细细嗅着，觉得这香气与之前闻过的任何一种香都不一样。初闻时如同冬末春初落下的一枚雪花，待微微的冷气散过，月华落下，雪地里忽地长出朵朵嫩蕊，直直地迎风绽放，那味道似百花相融，却又说不清到底是哪种花香更占上风，只觉得温润馥郁、连绵悠长，由冷香开局，到最后竟更像暖香散去，实在妙哉。

"这香，不像是普通合香。"阿沁好奇地说道。"阿沁姑娘鼻尖，"蔺叔说道，"这香，听人说是东阁云头香。""东阁的香？"阿沁的心一阵狂跳，看向这枚香片的目光渐渐不可思议起来，"可是原来宣和宫中御制的香？"蔺叔眨了眨眼："正是。"

"东阁云头香"，阿沁在香谱中是看到过的，它列在谱中的最后部分，泛黄的纸页上不到60字，组成了曾位列旧都汴京制香榜首的传奇之香。

那已是几十年前了，当时徽宗尚雅，尤其擅香，喜欢清婉温和之香，不喜酷烈之气。他亲命造香阁的工匠们制作精香，"东阁云头香"就是其中的佼佼者。用以隔火煎炙的云头香，香气弥漫大殿，幽润绵长，最为神奇的是翠烟浮空结而不散，如祥瑞之气缠绕直上，深获天子喜爱。

阿沁尤记得香谱上关于这款奇香的描述，几近梦幻："捣麝成尘，薰薇注露，风酝百和花气。品重云头，叶翻蕉样，共说内家新制。波浮海沫，谁唤觉、鲛人春睡。清润俱饶片脑，芬翻半是沉水。"

如今，其他香料尚好寻得，唯注记所含的两样最重要的香料——"薰薇注露"和"波浮海沫"，仍是千金难求的大食国异香。

其一，"薰薇注露"指的是浸香所用的蔷薇水，馥郁芬芳，质地清润。大食国的巧匠将盛放的蔷薇花通过蒸馏制成了蔷薇水，用石蜡密封在琉璃瓶中，经由三佛齐带到了大宋港口。芬馥异常的外域香味一入中州，便掀起了一阵热潮，人们惊讶于蔷薇水浓烈却不刺鼻的香味和长久的留香时间，就算装在密封的瓶中，香味也依然能够传出很远，连带海船都成了香舫。为了这难得的香料，人们甚至抢夺起舀取蔷薇水的瓠瓢来，将之砸成碎片藏之售之。由于其太受追捧，而大食的产量又有限，使得蔷薇水成为稀缺的珍宝，当下，只有皇宫内院才得以享用。

其二，"波浮海沫"更为难得，相传为藏于深海龙腹中的"龙涎"香，属可遇不可求之香。古书记载，大食西海多龙，"枕石一睡，涎沫浮水，积而能坚，鲛人探之以为至宝"，这些浮水涎沫就是龙涎香，根据质地大致可分为三品。一品名"泛水"，品级最高，外表呈白色，纹质"如百药煎而腻理"，往往轻浮在海面，要历经数十年才可巧遇一块，市面上仅二钱就要价三十万贯。二品"渗沙"次之，因在波浪中漂荡，最后堆积在洲屿岸边，任风雨浸淫，几乎与沙石融为一体，但若细细发掘，能看到如五灵脂般光泽的黑色碎块。三品"鱼食"，则如名所言，涎沫被鱼群竞食，化作粪便，散于沙碛之间，被腥臊之气所包裹。但即便是"鱼食"，刮去表面腥味再用小火慢蒸，那气味仍是令人迷醉的百花之氛。

想当初，大食使者将龙涎香进贡宋廷，比起蔷薇水，那看似礁石一般的香料无人在意，草草堆积在徽宗的私库里。直到政和四年（公元1114年），徽宗皇帝赏赐近侍，一时不知赏什么好，便叫人随机从库里拿出了两块龙涎香。

"模制甚大而质古，外视不大佳。"皇帝对相貌平平的香料没有什么想法，大手一挥就赏给了下人。哪知道，当有人好奇将龙涎香放在烛上点燃时，奇异发生了："以一豆大蒸之，辄作异花气，芬郁满座，终日略不歇。"徽宗大吃一惊，这才明白这两块放在仓库里不知道多少年的龙涎香原是稀世珍宝，于是也顾不得"君无戏言"，当即把赏给下人的龙涎香统统又收了回来，这才有了后边用龙涎合成的东阁云头香。

眼下，想要复刻出这款奇香，最重要的就是要把握好其中这两味的比例。阿沁仔细分辨着香中的味道，在纸上写写画画："沉香、檀香、丁香、金颜先各半两。""木香、黑笃实、麝香各二两，苏合油一字许。""进素馨、茉莉若干。"

　　既是合香，遵循的就是"君臣佐使"之法，"君"为主，既要独特，又要能包容众香；"臣"为次，可辅佐，但不可越位。以阿沁的经验判断，这云头香作为主韵的乃为沉香，辅助之味则可用檀香、丁香、金颜香及麝香等，散发百花余韵的原为蔷薇水和龙涎香之功，既取不到，唯有用"花蒸香"试试。

　　把沉香与香花一起反复熏蒸，让沉香沾染上独特的花香之气，这种让沉香混合花香的做法，最早源于南唐后主李煜的"花浸沉"。这位李后主非常喜欢沉香与蔷薇水混合交织的香气，但苦于蔷薇水太过珍惜，就想到以其他花液浸渍沉香的办法：采集带有露水的鲜花，放在瓷盒中上锅蒸，用蒸出的花液浸泡沉香，然后再将泡透的沉香放在阳光下晒干。如此反复采花、蒸露、浸香、晒香数次，直到花香彻彻底底浸透沉香，"花浸沉"也就制成了。虽没有蔷薇水浸润沉香的效果理想，但也能解人一时香瘾。

　　但对香铺而言，花浸沉的方式毕竟有些费时耗材了。一次，阿沁粗心，没发现花瓣中混入了些沉香碎，与花蒸制了数次，在清理花瓣时，阿沁发现那些与花一同蒸熏的沉香，竟是比花露浸出来的味道融合得更好。这个被她称作"花蒸沉"的技艺渐渐显示出它的优势，后来便在泉州的香铺中广泛使用起来。

　　用什么花，调什么味，新鲜花料的选择和比例尤其重要。蔷薇水的馥郁香味，用广南的素馨、八闽的茉莉两种花香调配起来最似。如味太甜，可多加些茉莉的清冷；如味太薄，则多增些素馨的甜郁。这些都要靠制香人灵敏的鼻子才能运用得恰到好处。

仲秋正是这些花儿盛开的时候，小巧可爱的花儿满树满墙地绽放，巷道里满是这沁人心脾的清芳。阿沁收来大捧大捧的素馨和茉莉，一朵朵摘下，用指尖捏碎，平铺在瓮中，又选半沉半浮的"栈香"挫碎，与花间隔压个几层。在小火的催化下，沉香就在热腾腾的水汽间，任花香钻入每一个细微的孔隙，与内部的油脂融合在一起，幻化为果木融合的美妙之氛。

等最关键的一步做好，剩下的也就简单了，将蒸制好的沉香碎与其余的香料磨成细末，再用苏合油、皂子膏调和拌匀，在模盒中压制成云香斋特有的心字纹，一款复刻的传奇之香便做好了。

数日后，蔺叔来送货，阿沁将制好的香装入刻着云字字样的木盒递给了蔺叔。几经辗转，木盒终来到了所定之人之手。

书案旁，香炉的烟气轻轻升起，那人只觉得自己走入了花蕊众香深处，花香中裹挟着的沉香，如同山间露水般长流，清润。他深嗅着，仿佛又回到了曾经翠烟腾绕的宣和殿。

"月华冷沁花梢露。芳意恋、香肌住。心字龙涎饶济楚。素馨风味，碎琼流品，别有天然处。"

阿沁呢，则又接了新的单子。桂花开了，该是要做一坛木樨香了。

神的气息

公元 75 年，年近 30 的有为青年、调香师安东尼，在古罗马第二大城市庞贝，终于拥有了自己的香料铺子。

为了作坊的选址，他颇费了一番苦心，在城里兜兜转转看了半年多，总算租下了铺面。店铺的位置固然重要，但靠近城中最繁华处店面的租金，却不是他这样年轻的调香师可以承受得了的。可他坚信，在斯塔比亚浴场边上租下的这间铺子，生意肯定不会比在繁华的丰裕街附近的铺子差到哪里去。

这座已经有两个半世纪的古老浴场，是城中最古雅也是最舒适的一个。浴室长廊中希腊风格的圆柱之间，摆放着大理石雕塑与青翠的异国植物；墙上的精美壁画，都是当时最优秀的艺术家和工匠的杰作；就连地板和浴池的大理石，也是极低调奢华的那种。城中的头面人物和显贵们，通常喜欢在这里聚集会谈。古罗马浴场，首先是个交际场所，洗浴嘛，只是顺带的事儿。

不出他所料，香料铺子开了没多久，生意就火了起来，看来，把香铺开在浴场附近，确实"近水楼台"。

浴场里有几种特制"肥皂"——清洗筛净晾干的黏土，掺上香料精油，晾干后成块状，用来搓擦皮肤上的污垢。但来斯塔比亚浴场的人中，不乏些讲究或矫情的，他们不能忍受自己和从浴场出去的所有人散发出同样的气息，因此愿意自配"私人订制肥皂"。

安东尼那些味道独特而清雅的香皂，常常卖空。预定和等待，不但没有减少客源，反而使人们趋之若鹜。

安东尼的店里，主要卖植物精油、香料粉末和香膏，大部分都是他自己制作调配的。

光是单一香类别，就有玫瑰香、石榴香、柑橘香、鼠尾草香、洋甘菊香、薰衣草香、水仙香、茉莉香、百合香、紫罗兰香、香蜂草香、番红花香、菖蒲香、榅桲果香、葡萄香、迷迭香、罗勒香等。这些原料，有的来自庞贝城附近，那里温润的海风和丰沃的土地，给这些花草提供了最理想的生长环境；还有一些，是从遥远的古罗马征服地，或者更遥远的东方国家输入的，如肉桂、豆蔻、丁香、没药、檀香木、乳香等，以及一些珍稀古怪的、在地中海地区无法觅到的芬芳树脂和植物根茎。

虽说他铺子里的香料，没有像后世那样明确地归为辛香、花香、果香、木香、动物香几大类，但其实，这五大门类他这里都有。按照古老的萃取精油手法，他使用橄榄油、苦杏仁油、生葡萄汁和树脂类作为介质，来浸泡芳香植物叶片、油脂花瓣和根茎。用布裹上香草、花瓣，由两个人绞紧布，将花草中的汁液压榨挤出，再经过过滤、发酵等一系列工序，最终制造出各式香精。

店里产品很多，但安东尼的玫瑰香膏，却是全庞贝城最有名的，无论香膏的颜色还是气息，都让人着迷，甚至有罗马城的贵族，不惧路远，特地派人过来买。

众所周知，安东尼出身于制香世家，且祖上曾得埃及调香师的真传，父辈的香铺有几款留香持久且香味浓郁的香膏风靡整个庞贝，其中菖蒲香膏和橙花香膏，是最有名的。可没有人知道，安东尼的先祖虽与香料有着密切的关系，但并非调香师。

在安东尼的记忆里，曾祖父是个寡言少语行动迟缓的老人，他最喜欢坐在门廊里那个松垮的草蒲团上，袖着手，久久凝望着远方连着蓝天的海水，海面偶尔出现的白帆，会在他浑浊的眼中激起短暂的活力。随后，他就会垂下头去，任风在他稀疏的白发间嬉戏。黄色的柏树花粉，在春夏季节，会飘进他脸上那些苍老的皱褶里，使他显得风尘仆仆，像是刚从沙漠归来的旅行者。

曾祖父很少在人面前露出他的手，他的衣袖仿佛永远是手的盔甲，就连当安东尼递给他一朵小小的蒲公英时，他也只微微抬起下巴，示意他把花放在自己衣袖上。但柔软的衣袖终究不是盔甲，护不住他的手，安东尼还是不止一次地看到过曾祖父的手，那是一双多么不同凡响的手啊！手指修长，指肚饱满，肌腱有力，最奇特的是，手的皮肤白皙光滑，指甲红润整齐，与他那沟壑纵横、酷似陈旧羊皮纸的脸形成的反差，让安东尼大惑不解。

家里的大人，对关于曾祖父手的事，都缄口不提，直到他去世后多年，安东尼才知道他和他手的故事。

古罗马人征服古埃及之后，迁移了大批奴隶和匠人。曾祖父的祖上是制作木乃伊的技术奴隶，在古罗马没有将死者制成木乃伊这种奇特的丧葬形式，但入殓师还是个非常特殊的活儿，也许没有比古埃及人更能把握其中技巧的人了。这样，曾祖父的祖上，直到他，都从事着入殓师的职业。

人们从此生过渡到彼岸最后的温暖接触，来自他的手。

他用各种香味的精油和香膏，擦洗、涂抹过各种人的身体。他的手抚摸过婴儿细嫩的身躯，青壮年坚实饱满的肌肉，以及老者松弛干燥的皮肤。他用自己的耐心和温情，伴着玫瑰、水仙、豆蔻的香味，将鲜活的能量，通过死者的肌肤送入他们的体内，像是要修补、抹除生活和病痛给这些躯体留下的伤害。

也许这会成为逝者灵魂对人世间最终结的记忆：怡人的香气、温柔的抚摸，以及，入殓师悲天悯人的目光。

由曾祖父入殓的最后一位死者是他的妻子，当她开始卧床不起时，在宅子地下室那如豆的灯光下，曾祖父就开始制作香膏。他嫌地中海的菖蒲味道太寡淡，在里边掺入了些芬芳扑鼻的水仙花瓣，他最初想找到睡莲，可初春时节，睡莲叶才刚刚冒芽，离开花还差足足四个多月的时间，他知道，妻子无论如何也撑不到睡莲花开。

大筐的菖蒲和水仙，在石盘的重力压榨下，舍出了最后一滴汁液。略带苦涩的气息弥漫开来，像是花儿们悠长的最后叹息。

汁液被放入绿色橄榄榨出的油脂中，静置发酵。发酵后，用细亚麻布反复过滤，待液体呈清亮的半透明状，就可以装罐收藏了。精油细致严密的准备过程，仿佛延缓了曾祖母的弥留。但那一天终究还是到来了。

曾祖父用他白皙而有力的大手，用芳香的菖蒲水仙油膏，抚遍了妻子的全身，他幻想着这个被死亡占据的身体，还能最后一次感受到他的爱意。他没能用高贵的、让人永生的睡莲香膏滋润她干枯苍老的皮肤，但他坚信，菖蒲和水仙，这些长在水边平常花草的气息，也能将她的魂灵带回尼罗河畔，而自己终将会在那里的落日余晖中与她相逢，一起在他从未到过的故土上畅游。

曾祖父入殓妻子之后，就放弃了入殓师的职业，自此，也立下了家族后人不能再涉足此行业的规矩。

宅子地下室残存的那些香膏和精油，以及制作这些的工具，还有曾祖父对香料的丰富经验，给家族成员提供了一个全新职业的便利。安东尼的祖父，成了家里的第一个调香师。

安东尼家族基因中特有的敏感嗅觉，是他们成为优秀调香师的重要因素之一。他们能从燃烧的洋甘菊精油中嗅出，鲜花是在中午阳光最烈的时候采摘，或是在傍晚湿漉漉的空气中采摘的；如果有原料提供商在鲜玫瑰花里掺了些几天前的花瓣，精油里那一丝略显陈旧的气息也逃不过他们的鼻子；从长在海边悬崖边的柏树上收集的小花，味道和长在平原葡萄园附近的柏树花，留香余韵有着微妙的差别。

安东尼就是在家族这种奇特而又玄妙的调香氛围中长大的，家里人从来不在地下工坊之外的场所谈论香事，每次谈论时，声音都压得低低的，带着神秘虔诚的宗教感。

这种宗教感是有理由的，因为优秀调香师的产品，有一部分会提供给神职人员，用于各种神圣的宗教仪式。香膏投入祭坛上的火里，被香味完全渗透的烟，包裹着世间凡人的期冀和祈祷，随着空气袅袅升腾，直至天庭，直至神们的心中。

那些关于香膏香水最神奇的故事，安东尼从小就烂熟于心。他知道"埃及艳后"克莱奥帕特拉七世的许多轶事。她不仅是古埃及历史上最伟大的香水香精创意者——她有一本专门记载自己发明的香方的日记，也是最睿智最任性的香料使用者，甚至在自己金色的船帆上涂满香油，达到"人未到，香味已到"的效果。

他还了解古罗马几位最杰出的皇帝对某种香膏的偏爱，以及每年让人咋舌的消耗量。鉴于曾祖父的职业圈子，安东尼家族制作的香膏，绝大部分都提供给城里的入殓师，因此，这些原料配方基本固定的产品，很多年都一成不变。

当安东尼父亲接手家族产业的时候，他拓展了一系列新的产品。事情的起因在当时可谓一宗"神的奇迹"。入殓师在用香膏搓摩一位贵族少年的胸口时，少年竟长舒一口气，从假死的状态中苏醒了过来。这"起死回生"的香膏，就是安东尼家族的新产品。安东尼的父亲在传统的配方中，添加了非洲茉莉和薄荷。于是，这款香膏被人们誉为"神的香膏"，一时千金难求。安东尼家族的产品，有了新的销售渠道——那些含有草药的香膏，成了医者的良药。

随着古罗马皇室和贵族们对香膏越来越苛刻的口味，调香师们用的原料越来越讲究，除了地中海沿岸丰富的芳香植物外，追随古罗马帝国的强盛和扩张的脚步，许多珍稀香料从世界各处被运到这里，大型商队船队往返于埃及、埃塞俄比亚、叙利亚和中东地区之间，带来罗马人以前并不认识的香料，以及制香的新手法。新的香料和新的制香手法，使安东尼决定向调香师最高理想目标奔进，他要做一个专业化妆品行业的调香师。

另立门户的第二年，他意外地接到了一个大订单。庞贝城最大的半圆形露天剧场，为仲夏夜的一场表演，向他预定了全场洒用的"红花香水"。

这种在剧场或宴会席间向观众和嘉宾洒香水或香粉的做法，可谓古罗马的时尚。重要的宴会前，工作人员会用掺了芳香精油的水擦拭桌椅板凳；用餐期间，侍者会捧上盛满香水的大陶碗，碗中站着白鸽，白鸽被放飞后，客人们的头上和脸上，会落上鸽子翅膀扇动时洒下的香雨。而在剧场内大面积洒香水，一方面可以消暑，更重要的是可以有效掩盖人群聚集时产生的身体异味。

安东尼用藏红花属的一种橙红色小花朵作为主要原料，加了少量珍贵的香橼精油，另外，调入了发挥持久留香作用的玫瑰精油。当调好的芳香液体在水中稀释后，喷洒向人群之时，藏红花略带辛香的气味在空气中被快速舒展开来，略带甜调的香橼清香向人们靠拢，沁入肺腑；过后，玫瑰花香，被人群身体的温度孕育片刻后，发出玫瑰花特有的优雅沉静气息，久久地停留在每个人的嗅觉神经上，形成了人们记忆中的愉悦点。

"红花香水"是安东尼走向成功的起点，他还记得那晚庞贝露天剧场，当香水洒向人群时，人们那如痴如醉的样子。他自己也深深地沉醉在夜风中迷人的玫瑰花香里，在那一刻他默默许下了心愿：要让这"爱神之花"美妙的味道，萦绕在每一个寻求美好的庞贝人身边。

玫瑰是庞贝人最钟爱的花，它无处不在。高大的城墙边，繁茂的葡萄园中，调香师的花圃中，平民百姓的窗台上，都有它的影子。红色的花瓣如同神的眼波，闪烁在喷泉边，点缀着露台和花园，温暖着人们的生活。玫瑰扦插极其容易，用途非常广泛，花瓣花苞可食用，可药用，也可美容用。贵族们喜欢在席间将拆散的花瓣从高处洒下，既浪漫又奢华；平民爱采几朵，放在瓦罐中，看着花开花落，也悠然自乐。

古希腊和古罗马神话传说中，玫瑰总是和爱神阿芙罗狄忒联系在一起，它象征着永不凋谢的爱情。庞贝的贵妇们对玫瑰香膏的狂热，几个世纪中仿佛从未减退，这也是安东尼香铺玫瑰膏和精油常卖断档的原因。

女人们把精油和香膏抹在耳后、手腕处，用身体的温度促成香味的挥发，举手投足间暗香浮动。但可惜这种佩香方式，气味的留香程度很低，没多久就会淡薄，直至完全消失。

安东尼苦思冥想，最终还是从古埃及人的佩香手法中得到了灵感。古埃及人将芬芳植物花草切碎，用油脂拌成糊，放入细小的锥形蜡质容器中，将其插入发髻。埃及的艳阳将蜂蜡融化后，香味就会长久地萦绕在佩香者的身边。

安东尼的玫瑰香膏，被灌入一个精致的彩绘细陶小管或玻璃管中，从外形来看，这美丽的容器完全可以充当发髻上的装饰物。小细管的口子被蜂蜡封住，要用时，根据希望散发香味的浓郁程度，可以把蜂蜡全部或部分揭掉。到卸妆时，可以重新将管口封住，以备下次使用。

这个美妙的玫瑰香膏管子，被安东尼命名为"神的气息"。

在人类最初的认知中，神是怎么样的存在？他们饮芳露，食花草，御风而行，他们所经之处，万物生长，百鸟和鸣，鲜花盛开，他们给凡间留下的，是充盈着芬芳气息的奇迹。

镜外观

香水或起于"神示"，总是跟"生死"相关。古埃及人相信香水具有超凡入圣的品质，经常被用来祭奠众神并作为身体不朽的配方。人们会用没药、肉桂等香料，将国王和王后的尸体做成木乃伊，并用香水装点死者的陵墓，以为这样灵魂就会不绝如缕。

《花气蒸浓古鼎烟》里的宋徽宗，随手就把相貌平平的龙涎香赏给了下人，直到放在烛上点燃时才明白这两块抹香鲸的排泄物原来是稀世珍宝，顾不得"君无戏言"，当即把赏给下人的龙涎香统统又收了回来，就有了后边用龙涎合成的东阁云头香。

《神的气息》里的那个曾祖父，他用各种香料擦洗、涂抹过各种人的身体，将玫瑰、水仙、豆的香味通过死者的肌肤送入体内，让死者能以此与神相见。而在他入妻子之后，就放弃了入师的职业，却给家族成员提供了一个调香师职业的可能。

只是，两个故事里都没讲到的是：公元 1127 年，金兵南下攻取北宋首都东京梁，掳走了徽、钦二帝，导致北宋灭亡，史称靖康之耻，东阁云头香也成了王朝这头巨鲸的"排泄物"。公元 79 年，地震引发了维苏威火山的爆发，火山脚下的庞贝城被封存于滚烫的火山灰中，那些美妙的香水和美好的生命，从此凝固在历史的烟尘当中。

香水，原本只为超度生死，让人体悟人世无常。却因为人的沉迷而忽视了来自大千世界的秘语：一切有为法，如梦幻泡影，如露亦如电，应作如是观。

张海龙

面靨 *Nevus*

梨
涡
浅
笑

醉
春
风

　　"公子，公子挑盏灯吧。"念喜提着花灯，拦住了一人。被拦的年轻书生穿着一身青衫，看着眼前兀然出现笑得明媚的姑娘，不由得停住了脚步。

　　正值元夕的灯夜，狭长拥挤的街巷上，两厢灯火绚烂通明，照得书生脸上红光融融，也照得念喜脸上的梨涡忽隐忽现，就像初生的小小月牙，分外生动可爱。

　　念喜一边比划着手上的花灯，一边打量着书生。只见他面目端正，气质清雅，眼角下方却生有一颗痣，给人平添了些风流之意。"花灯送给……送给意中人吧！她一定会喜欢的。"

　　书生有些不好意思："可我还未有心仪之人。"念喜打趣道："拿着我的灯，也许那人就出现了呢？就算只是挂在家中观赏，也是极好的。"

书生从念喜手上接过小巧的彩灯，那透明的、带些许粉色的绢纱，紧紧包裹着竹子支撑的笼架，像一朵半开的海棠。"这盏花灯"，书生拿着灯，回头却递给了念喜，"赠还姑娘吧。"

"在下柳生，不知姑娘芳名？"

正月十五的夜，红艳的烛火在街头巷尾展开，向山间水岸散去，远山上的古塔点灯无数，湖面上的游船灯火灿然。灯火映红了湖，映红了天，也映红了少女的脸。

"原来，他叫柳生啊。"念喜想。

书生不知，这看似意外的"相遇"，其实是姑娘的有心为之。在此之前，念喜已见过柳生一次。柳生虽是从外乡而来，念喜一见却觉得亲近，像是在哪见过，连眼角下的痣都觉得熟悉。她不禁想起祖母的话，也许，那痣就与她脸上的梨涡一样，是上辈子不愿喝下孟婆汤的痴情男女们留下的痕迹。

在念喜很小的时候，祖母是这么说的："传说中啊，人死后都要从黄泉路过忘川河的。过忘川河必须经过奈何桥，孟婆就守在桥上，为每一个孤魂递上一碗孟婆汤。孟婆汤用人一生的泪水所制，喝下能让人忘却前尘往事，从而转世重生。

"也有许多人不愿意忘记前尘的种种，不喝汤，就要跳进忘川河，历经百年磨难才能游到对岸。孟婆会在他们脸上做上记号，以便人们在投胎转世后，还能寻找到前世的恋人。

"如是男子，会点下一枚情痣。如是女子，则会留下一对梨涡，等到下世，他们会凭借这些印记再续前缘。"

　　念喜不知自己的前世带着怎样的念想，只听祖母说她出生的时候，并不像其他的婴儿那样哇哇大哭，反而是安安静静地躺在襁褓里，小脸红彤彤的，嘴角微微向上翘着，露出脸颊隐隐的两个小涡，见着就让人心生欢喜，家里便给取了"念喜"这名。

　　周围的姊妹们都羡慕念喜，"香靥深深，姿姿媚媚，雅格奇容天与"，"靥"就是脸上的梨涡，古时庄姜这样的大美人，若是没有脸上天生的梨涡，也许都不会让人如此眷念传颂。至于那些个在古老医书中被认为是面中疾病的记载，早已无人在意，这种能让人变得更美的"疾病"，有哪位女子会想去治疗，又有哪位女子会拒绝患上呢？

　　梨涡虽然不是每个人都可拥有，但爱美的人儿总有法子。小时的念喜看姊姊爱在嘴角两侧，点上两个圆点，有时用的是红色的胭脂，有时用的是墨色的丹青。

　　"姊姊也有前世想要找的人吗？"念喜认真地问。年长的姑娘捏捏念喜的小脸蛋，开玩笑道："是啊，我们都喝了孟婆汤，怕是相互都认不得了。画上了这两点，兴许就他能认出来呢？""可是，大家都画得一样，他还找得到姊姊吗？""嗯，这倒是个问题……"姊姊想了想，在圆点旁又添上几瓣小小的花瓣，"那我画朵梅花吧，这下总归不一样了。"

　　嘴角边点上的如同黄豆般大小的圆点，是女孩给自己"造"

的梨涡——面靥。这种妆法来源有二：一说是很久以前，宫中的诸位妃嫔遇月事来临，不能服侍君王却又难以启齿时，就会隐晦地在脸上点上两个小圆点"的"，作为"禁戒"的信号，女史见到就不会安排列名侍寝了。后来，宫中舞姬发现这样的圆点画在脸上竟意外地新颖别致，久而久之，注"的"的风潮从宫中蔓延到了民间，女子皆是"点圆的之荧荧，映双辅而相望"。二说是相传三国时期，吴太子孙和与宠姬邓美人在月下起舞，酒后的二人脚步蹒跚，孙和手中的水晶如意不小心划伤了邓美人的脸。太医不敢怠慢，用白獭髓调和琥珀粉来治伤，也许是用药过猛，伤愈之后，美人脸上留下了色泽艳丽的斑斑红点。邓美人觉得自己破了相，不肯相见，太子却觉得这样衬得人更加娇媚，反倒宠爱至极。其他的美人看到后，便依样用丹脂点颊，一时宫中"是笑时、媚靥深深，百态千娇"。

流传到后世的面靥，形状早已不囿于圆点了，女子的巧手在脸上尝试画上各种花样，有形如钱币的"钱点"，状如杏桃的"杏靥"，还有各类花卉和制成鸟兽形状的"花靥"。姊姊在脸上画的梅，便是用胭脂点染，如春江水岸的一朵红梅，开放在敷粉如轻雾般的面庞上。

小念喜原来也学着姊姊在自己的梨涡上画上些图案，但因为笑时梨涡凹陷的缘故，看上去竟有些滑稽怪异。当时姊姊吃吃笑着，轻轻擦去念喜脸上的面靥，露出那对可爱的小梨涡："你啊你，这样才是最好看的。"

念喜懊恼地嘟囔："如果没有这涡多好，我可以像姊姊一样画上漂亮的花靥了。""我也想跟念喜交换一下，"姊姊温柔地回道，

"有了这梨涡，就不用天天想着在脸上画些什么了。"

很多个元夕之夜，念喜都是和姊姊一起过的。余杭门内，沙河塘上，正是"市楼歌吹太喧哗，灯若连珠照万家"的时候，花灯下的长街，烟花是那样绚烂，像风吹落了千树繁花，也吹落了漫天繁星。千金的宝马豪华的雕车，一路飞扬，如玉般的月光在人群中流转。在新烛摇曳的光影里，姑娘们的脸上星星点点，用金箔片、螺钿壳、花草制成的花靥散在脸颊，迷离又美丽，初入街市的少年们明着看灯，眼角却偷偷看人。"这一双情眼，怎生禁得许多胡觑？"

这样的节日，念喜姊妹自然也会好好打扮一番。祖母给念喜梳上时兴的发髻，将用乌金纸裁剪成的蝴蝶插在念喜发上。母亲拿出先前就晒好的鹤子草，揉捻成小小的紫鹤，贴在念喜的面颊上。姊姊给自己准备了黄星靥，那是用榆钱制成的金黄色小花，被细碎地贴在两颊，再配上月白色的长裙，十分素雅美丽。

等看好鳌山，逛完灯市，念喜就会跟着姊姊前往天竺寺的后山。那里有块大石头，叫三生石，念喜很早之前便听姊姊说起过。石头关于前生、今生和来生因缘际会的传说，吸引了无数有情人来此许下缘定三生的美好愿望。姊姊双掌合十，诚心诚意地向三生石许着愿，念喜学着姊姊的样子，嘴里却是叨叨地问："三生石啊三生石，与我在一起的那人，今生还会相遇吗？他长得什么模样？孟婆在他脸上哪个位置留下了痣？他还认得出我吗……"

姊姊笑她："你问得这样多，三生石一下可回答不过来。"念喜有些不好意思，忙转移话题问姊姊许了什么。姊姊望向寺中的三千莲烛，眼睛里淌着流光："不计前生，不管来世，我只愿今生，能与许郎携手白头。"

三生石应了姊姊的祈愿。姊姊出嫁那日，身上披着绛色喜服，眉黛唇朱，祖母特地拿出了自祖母的祖母那辈流传下来的珍珠面靥，缀在姊姊的额间、双颊，寓意幸福、吉祥和安顺。看着姊姊坐上轿子，渐行渐远，念喜再也按捺不住，抱着祖母大哭了一场，既为姐姐如愿而高兴，也为以后再也不能有姊姊时时相伴而难过。

光阴好似流水，念喜再去三生石那，已是姊姊出嫁几年后了。正逢乞巧节，未出阁的姑娘们做好各种奇巧的小玩意儿，向织女星乞求着智巧。念喜一早焚香祭拜织女星后，便和女伴们相约出行。彼时小小的女娃已长大成了亭亭玉立的姑娘，她施着素妆，眉目如画，浅浅一笑，那笑意就如同清泉的波纹，从嘴角的小梨涡里漾出，让人如沐春风。

街市还未开，有人提议去三生石那，一群女孩一路嬉闹说笑，来到了天竺寺前。昨晚刚下过一场大雨，寺中的梧桐叶被雨打落了不少，两三僧人正持着竹扫帚清扫，沙沙声环绕寺院中庭，钟磬和木鱼的声音越过晨雾，引导着前来礼佛的香客。

念喜穿过寺庭的长廊，一抬头，视线被前方一人所吸引。那人书生打扮，安静地站在香炉的正对面。手中捧着三炷清香已经点燃，一缕青烟袅袅浮起，萦绕着、盘旋着上升至天际，像是把凡人所有愿望都说与遥远的神仙。念喜看着他，一种强烈的熟悉感蓦然而至，仿佛曾经与之有过渊源。

书生将香妥善安置在香炉中，一人从殿中走出，应是一同前来的同伴，向他招呼道："今早我俩是第一个到，心诚，菩萨一定会保佑的！话说，你求的什么，千里迢迢从北地来到这临安城，为功名，还是为姻缘？"

"我没有什么想求的。"他笑了笑，说，"只是，近来常有一梦，来此或可寻解。"书生说起他的梦，在梦里，他是失意将军，她是京城才女，两人一见如故，高山流水似的爱情平复着将军颓废自弃的岁月。楼前小院杨柳依依，堂前燕子浅浅呢喃，她头戴着细毛茸茸的狸皮帽子，身着金丝刺绣的罗衣，踏乐而舞，整个人犹如隔雾之花，朦胧缥缈，只见如钩的梨涡随着回旋的身姿一掩一现。她希望能与他长相厮守，但他仍希望重返沙场。后来，战火四起，将军被召回率军克敌，离别那日，她问，你这一去，何时归来？他看着庭院的新雪回答道，待元夕的灯火初上，我便归来。可没想这一去，便是数年，最终，他大捷而归，再回故地却再也寻不着她了。唯剩荒废的一座小院，留下"梨涡浅笑春风绿，桃花扶手夜月明"的残影。

"奇的是，梦中的一切如此真切，有些醒来甚至可以细说一二，可唯独想不起她的样貌，只记得她脸上有一对梨涡。我听闻，不愿喝孟婆汤的女子，脸上会留下梨涡样的印记，如是这样，梦中的那位姑娘，想是等了我一世。"

同伴想了想，对他说："这寺外有块石头……""我知道的，三生石。"他接过话，"这便是我来此的目的。"

念喜听着听着，一些细碎的记忆如浮光掠影般在她脑海里闪过，心里有一个声音催促着她去会会那位书生。可当她迈开脚步，想要跟上时，忽被涌入的一群香客所隔，等她穿过人群，书生早已不见。她急匆匆地赶往寺院后山，可三生石那也不见书生。"你这一去，何时归来呢……"念喜喃喃地复说着书生梦中那女子的执问，觉得心中仿佛空了一块。

念喜找了书生很久，可书生就像消失一般，遍寻未果，直到又一年的元夕。如莲的烟花在天空次第开放，满街花灯流彩，照得月夜如昼，人如画。念喜提着灯，意兴阑珊地走在长街上，她的发丝自然垂散，鬓上一对镂空蝴蝶银步摇，月色下，素色的长裙似泛着光，衬得她的双眸几分落寞。

当行至长街中央时，灯火愈加明亮，人群愈发拥挤，念喜努力地想要避开人潮。正当躲闪之间，一位公子与她错身而过，霎时，无数花灯的微光仿佛化作了细柔丝线，缚住了念喜的脚步。念喜猛一转身，可不是她想寻的那位书生！

念喜不想再像上次那样错过了，忙拦住了书生。一时间，她有许多话竟不知先说哪些，慌乱间不禁脱口而出："公子，公子挑盏灯吧！"

书生将接过的花灯又递给了眼前人。醒来时总是模糊的身影，开始渐渐清晰。"在下柳生，不知姑娘芳名？"一滴泪顺着脸庞而下，停驻在了少女的梨涡间，像一颗晶莹的珍珠，映着明月，映着新雪。"我叫念喜。"

月下灯，灯下人，蹚过忘川的两人，今生的故事刚刚开始。

二
姐
的
小
苍
蝇

每天傍晚，当夕阳映在客厅的大窗子上时，劳莉的四个姐姐就开始忙碌起来，把奶妈和整理内宅的女佣指挥得团团转，娇嗔和笑骂声，上下楼急促的脚步声，混杂着两只小狗追逐打闹声，使此刻成为家里最热闹的时刻。

过了这一阵儿，随着马车轱辘在街面上发出的声音渐渐远去，夜色突然降临，大宅子立刻安静下来，静得让劳莉觉得孤独。有时，窗外会传来急促的马蹄声和车夫吆喝牲口的低沉声音，她猜想是某个参加舞会的人在着急赶路，也许是忘了粉盒或者扇子，也许是哪根缎带突然断了，耽搁了时间，也或许是忘了往脸上贴假痣，就像几天前她的二姐一样，含泪匆匆回家，费了好长时间，才又光鲜靓丽地出门，因为她的眼泪冲花了厚厚的白色铅粉，只有先补粉，才可以在脸上贴假痣。

8岁的劳莉记得，那天二姐边补妆边用羡慕的口吻对她说，她是个幸运儿，嘴角上方天生长着一颗妖媚的美人痣，与她微微上翘的唇搭配得极好，哪里用得着像她一般，每每都要花心思贴假痣，还避免不了跟别的女孩雷同。说到这里，二姐看着她，从小珐琅盒中挑出一颗小巧的丝绒假痣，用小刷子蘸水，在假痣背后的胶上来回刷了几次，然后小心翼翼地贴在了嘴角上，用手指在上面按了一会儿，待手指拿开，二姐的嘴角上就出现了和劳莉一模一样的美人痣，她微微一笑，妖媚动人。

二姐那个没贴假痣的晚上，着实不顺，她光鲜靓丽地出门后没多久，劳莉正抱着小狗迷迷糊糊地将要睡去，却再一次听见了马车声。这次，二姐是大哭着上楼的，她一手挽着宽大的裙摆，一手死死抓着朵白色的茶花，劳莉认出了那是二姐假发上的花朵，傍晚梳妆时，还被母亲等人夸赞了半天。

因为赶回家补妆补假痣，二姐到达舞会现场时，听看门人说，里面已经跳完了四支华尔兹。她心里着急，进门时脚踩在裙裾上，身子趔趄了一下，头重重地碰到大门口的廊柱上，沉重的假发往一边倾斜，白色的山茶花随之落下。

二姐慌忙将假发正了正，但感觉随着步子的节奏，假发在左右晃动，这个状态，怎么可能跳蹦来蹦去的波尔卡舞！她想着，沮丧地将山茶花捏在手里，感到了花梗里的铁丝戳在手上，却没觉出疼痛。绝望的眼泪如骤雨，打在她妆容完美的脸上。

她知道，这个晚上应该是安德烈留在巴黎的最后一晚，翌日他将随父母远赴马德里。二姐希望她妖媚的笑靥能在安德烈的心中找到归宿，她早就盘算好，那晚的深紫色假发和白色茶花，配上曳地的淡灰色丝绒长袍，高雅素净，红唇边嘴角上一颗小巧的美人痣，有"欲说还休"的效果，小女儿的娇羞和可人，会表现得淋漓尽致。她记得，几天前他的目光在一个女孩嘴角上的心形小痣上停留了好久。

二姐认为，这天晚上对她的人生道路至关重要。安德烈的高贵爵位、殷富的家境，再加上他的英俊相貌和温和脾性，是许多有待嫁女孩的贵族家庭非常关注的，而她，曾经与他有过几次腼腆但不乏深情的交心。她本来想借这个机会从他的口中得到某种承诺，哪怕他远离，也会记着尽早回来。

二姐因为在那天晚上忘了贴假痣引起的一切，除了劳莉略知一二，没有别人知道。从此之后，她像那天晚上从假发上掉下来的茶花一样，日渐枯萎，以身体不适为理由，推掉了许多社交舞会。她宁可和劳莉一起，在那些暮色苍茫的夜间，倾听路上匆匆的或悠闲的马车声，猜测车上人的故事和心境。

假痣在美容术上的使用，实属偶然，但和自古以来人们对洁白无瑕的肤色的热爱有关。古罗马贵妇们已经开始使用，偶尔在雪白的肌肤上画一颗小黑痣，不但能给脸部平添几分生动或妩媚，更能提高肌肤胜雪的柔嫩感。

到了16世纪末，为了治疗牙疼或头疼，人们把草药膏涂抹在深色天鹅绒上，敷在太阳穴或腮边。爱美的女人们，发现这些黑色的斑点不但可以凸显面部皮肤的白皙度，而且贴敷在某些位置会让那些平庸的脸增添几分风韵和魅力。由此，灵活变换位置的假痣，受到人们的大力追捧，继古罗马之后，又重新风靡欧洲。

路易斯·安托万·卡拉乔利侯爵，一位多产的法国作家、诗人、历史学家和传记作家，在 1768 年撰写的《美容批评词典》中，曾这样描述过："假痣，一块黑色的、形如苍蝇翅膀的小块塔夫绸，女性们把它贴在脸上，让整个容颜看起来更加美丽动人。这个原本不为人知的古代习俗，正越来越受到大家的欢迎，要是贵族小姐和贵妇们脸上不贴假痣，她们会觉得自己好像没穿衣服一般。"

确实，卡拉乔利生活的 18 世纪，是欧洲尤其是法国宫廷假痣最流行的时期。在许多他同时代画家的画作中都可以看到，那些宫廷贵妇和社交名媛们，头发染成冷调的灰色，面色绯红艳丽，脸上或裸露的肩胛凹处，都不可缺少地贴着黑色美人痣。

那时的贵妇们，已经拥有从不离手的藏有"三宝"的丝缎化妆手袋，里面有：胭脂膏、唇彩和假痣。巴洛克时期，盛行"假痣密语"，即按照假痣粘贴的位置来表达确切的含义，这种游戏虽很幼稚，但在贵族圈中还是被追捧了很长时间。

嘴周围的痣像是在召唤亲吻，暗示愿意接受调情；嘴角俏皮活泼的痣，表示可被亲近；眼角饱含激情的痣表明在寻找新的爱人；离眼角稍远的痣表示无法抗拒；喉中央的痣在说勇气和果敢；太阳穴的痣表示尊严和距离；前额中间的痣有端庄威严的含义。

假痣的形状，也由原来的简单圆形衍生出其他形状：长方形、正方形、菱形、新月形、星形等，众多丰富而又隐讳的信息，通过男人女人脸上贴的形状不同的假痣，在贵族们奢靡的沙龙中回旋。很多时候，千言万语都比不上在嘴边优雅知性地贴上一颗小小的假痣，借着天鹅绒发出的幽幽光泽，来诉说许多羞于表达的情愫、许多激荡于心的感情。如果假痣能说话，那么嘈杂之声一定会盖过华尔兹舞曲的乐声。

一种时尚必定带动一个产业。那些闪烁在人们腮边额头上的痣，虽质地不一但做工必须精良。那些被戏称为"小苍蝇"的塔夫绸、天鹅绒和东方缎子的痣，在童工或妇人纤细灵巧的手中诞生，被装入珐琅盒、金银盒里送到达官贵人手中，点缀他们高贵的面孔。"小苍蝇"不仅是贵族在爱情游戏中的诱惑物，也是他们社会地位的标志。

威尼斯老城区著名的"苍蝇街"，并非因苍蝇被命名，而是那里曾经是出品精美"小苍蝇"工坊的聚集地。

劳莉的二姐再也无缘见到她的意中人安德烈，据说他爱上一位奔放的西班牙女郎，留在了马德里。在此后的很长一段时间内，二姐每次对镜梳妆粘贴假痣的时候都会想，不知那位幸运的西班牙姑娘，在征服安德烈时，将痣贴在了哪里。

或许，她根本就没有用这种矫情的点缀，而是直接说了：Te amo（我爱你）。

镜外观

　　一粒痣，还可以成为情感的记忆，梨涡浅笑，一枚情痣穿越前世今生的迷雾，依稀留下不灭的情意痕迹；一粒痣，可以是情绪的暗语。嘴周围的痣像是在召唤亲吻，嘴角俏皮活泼的痣表示可被亲近，眼角饱含激情的痣表明在寻找新的爱人，离眼角稍远的痣表示无法抗拒；一粒痣，可以是美丽的加持，黑色的形如苍蝇翅膀的小块塔夫绸贴在脸上，让女人看起来更加美丽动人。

　　如同今天，雀斑有时候是"瑕疵"，更多时候也是有意为之的俏皮可爱。在美丽女人们脸上，似乎任何一处都是一座微型舞台，一粒痣、几粒雀斑，可以传递微妙婉转的情意。眉眼之间，情传意动，所有为妆容所花费的小心思，尽在这不言之中了。

周华诚

策　　划　杭州市城市品牌促进会　杭州西溪两岸文化交流中心
插　　画　吕　山

责任编辑　章腊梅
装帧设计　吕　山
责任校对　杨轩飞
责任印制　张荣胜

图书在版编目（CIP）数据

入时无 / 高粱等著 . -- 杭州：中国美术学院出版
社，2024.3
　ISBN 978-7-5503-3266-9

Ⅰ.①入... Ⅱ.①高... Ⅲ.①化妆品 - 历史 - 世界 -
通俗读物 Ⅳ.① F416.7-49

中国国家版本馆 CIP 数据核字 (2024) 第 048839 号

入时无
高　梁　苏晓晓　著

出 品 人：祝平凡
出版发行：中国美术学院出版社
地　　址：中国·杭州南山路 218 号　邮政编码：310002
网　　址：http:// www.caapress.com
经　　销：全国新华书店
印　　刷：杭州恒力通印务有限公司
版　　次：2024 年 3 月第 1 版
印　　次：2024 年 3 月第 1 次印刷
印　　张：10.25
开　　本：787mm×1092mm 1/16
字　　数：150 千
印　　数：0001—1000
书　　号：ISBN 978-7-5503-3266-9
定　　价：49.00 元